CB069685

ELEFANTE

elefante
EDITORA

CONSELHO EDITORIAL
Bianca Oliveira
João Peres
Tadeu Breda

EDIÇÃO
Tadeu Breda

REVISÃO
Helena Roldão

ILUSTRAÇÃO DE CAPA
Catarina Bessel

DIAGRAMAÇÃO
Denise Matsumoto

DIREÇÃO DE ARTE
Bianca Oliveira

JOÃO PEDRO CACHOPO

a TORÇÃO DOS SeNTIDOS

PANDEMIA E REMEDIAÇÃO DIGITAL

METAMORFOSE E JOGO — EIS O QUE A ESSÊNCIA DO HUMANO SIGNIFICA.
— *Elias Canetti*

PREFÁCIO À EDIÇÃO BRASILEIRA, por Pedro Duarte, 9
NOTA À EDIÇÃO BRASILEIRA, 15
AGRADECIMENTOS, 19

PRÓLOGO
A pandemia não é o acontecimento, 21

I. O que pode a filosofia nos tempos que correm?, 27
II. Perguntas, hipóteses, suspeitas, 41
III. Topologia imaginária, 59
IV. Apocalípticos e remediados, 75
V. A torção dos sentidos, 91
Amor, 93 / *Viagem*, 98 / *Estudo*, 102 /
Comunidade, 108 / *Arte*, 116

EPÍLOGO
O que faremos de nós depois da pandemia?, 133

REFERÊNCIAS, 139
SOBRE O AUTOR, 143

PREFÁCIO À EDIÇÃO BRASILEIRA

Nunca antes a filosofia foi tão veloz. Respondendo a desafios da pandemia de covid-19, os principais pensadores contemporâneos escreveram sem parar sobre ela. Foram tão ágeis que seus primeiros textos são de quando ela ainda era uma epidemia. Desde fevereiro de 2020, intervenções apareceram nas mais variadas formas: artigos, entrevistas, livros, diários e conferências. Não é mera coincidência. Por trás da disseminação que fez um surto virótico provavelmente originado em um mercado de Wuhan, na China, transformar-se em poucos meses numa pandemia está o mesmo processo de globalização que fez a produção de textos filosóficos visando compreendê-la transformar-se em uma profusão de posições que circulam e se referem umas às outras. Constituiu-se um intenso debate da filosofia sobre a pandemia, pautado por três princípios: a atualização de conceitos que os autores contemporâneos vinham desenvolvendo em suas obras há anos; a interrogação sobre o futuro que nos aguarda a partir de agora; e a ênfase nas dimensões políticas e sociais do fenômeno.

O livro de João Pedro Cachopo, *A torção dos sentidos*, situa-se de modo original neste panorama. Não foi escrito imediatamente no começo da pandemia, e sim depois de alguns meses, tomando dela já uma pequena distância no tempo. Mas essa breve distância cronológica não é a que dá ao livro a sua originalidade. Decisivo é o ângulo do seu pensamento, que confere à sua prosa um misto de serenidade e firmeza. Por isso, a provocação de sua abertura, segundo a qual "a pandemia não é o acontecimento", deve ser levada a sério, e o separa das tantas outras abordagens que, aderidas à pandemia, supõem que é ela, em si e por si, o acontecimento, embora a interpretem através de conceitos que já existiam muito antes dela. Para Cachopo, o acontecimento é a torção dos sentidos, ou seja, a transformação — que, mais do que promovida pela pandemia, pode ter sido por ela intensificada e acelerada — em nossos modos de percepção e de imaginação, de reconhecermos o que é proximidade e o que é distância, presença e ausência, espaço e tempo. Os sentidos que estão sendo torcidos, portanto, não são somente visão, audição, tato, paladar e olfato; são os sentidos pelos quais as coisas ganham, perdem e definem sentidos para nós no mundo em que estamos.

Há, nisso, uma dupla coragem dessas reflexões. A primeira é não se deixarem intimidar por um inconveniente protagonista em tempos de pandemia, o medo, sem com isso ignorar a gravidade da situação. A segunda é adotarem um ângulo diante de seu assunto que ainda não estava completamente pronto antes que ele surgisse. Quem leu os textos dos consagrados filósofos contemporâneos sobre a pandemia incomodou-se logo com o modo pelo qual eles aplicaram conceitos prévios ao que se passa: Agamben e o estado exceção, Nancy e o comum, Žižek e o comunismo, Han e o individualismo, entre outros. Pareciam ter mais certezas que dúvidas. O texto de João Pedro Cachopo, ao contrário, é arejado. Sem deixar de tomar posição, o faz num tom que permite à torção dos sentidos se apresentar como uma questão que se impõe para nós. De quebra, introduz boa parte das teses desses outros filósofos, que se equilibram entre conceber a pandemia como uma força de transformação das nossas vidas ou uma possibilidade de revelação da realidade. Talvez haja um pouco das duas coisas, como este livro deixa entrever a respeito de nosso presente, mais do que ao predizer o futuro.

Nele, destaca-se a participação dos meios tecnológicos de comunicação em nossa vida contemporânea, que já se acelerava antes da pandemia e que, com ela, ganhou impulso derradeiro. Daí o subtítulo do livro: "pandemia e remediação digital". Num primeiro plano, esta remediação pareceria dizer respeito ao modo como as chamadas de vídeo e outros artifícios do mundo digital tentaram, com maior ou menor sucesso, compensar aquilo que a pandemia nos teria roubado: o convívio presencial, o corpo, o sabor. Num segundo e mais importante plano, contudo, a remediação fala da própria ideia da mediação, ou seja, do modo como a tecnologia digital se torna a mediação por excelência da sociedade atual. Aqui, a investigação é sobre a teoria dos *media*. A inspiração vem da tese do filósofo Walter Benjamin, levantada desde os anos 1930, sobre a reprodutibilidade técnica. Ele perguntava como a fotografia e o cinema transformariam nossa percepção e nossa imaginação. Cachopo faz algo similar com o meio digital. E traz consigo o genuíno interesse, a exemplo de Benjamin, de pensar uma nova experiência, sem tomá-la como pretensa substituta de uma autenticidade originária perdida. Trata-se de outra experiência da mesma realidade. Isso impede tanto o endosso ingênuo das tecnologias de comunicação quanto sua demonização automática. Fica-se, assim, criticamente entre "apocalípticos e remediados", para empregar o título de um capítulo que parafraseia o clássico livro de Umberto Eco, *Apocalíticos e integrados*.

Por fim, vale destacar que, a essas análises teóricas de cunho político e social, o livro acresce ainda uma perspectiva mais direta ao tematizar a torção, ou revolvimento, específica dos sentidos de amor, viagem, estudo, comunidade e arte durante a pandemia (mas não só) e com o isolamento social. Em cada um desses casos, Cachopo nos põe para pensar. Sobre o amor, escreve que a pandemia, se é um teste para os amantes, não o é apenas porque precisam mantê-lo vivo em condições de proximidade excessiva ou distanciamento inapelável, e sim porque devem reinventar sua linguagem. Há, nisso, a chance de reconhecer que, aqui, nada é óbvio e natural, como por exemplo a coabitação dos amantes. Eles, assim, apenas estão mais expostos a um desafio que se repete no que diz respeito à viagem, ao estudo, à comunidade e à arte. Trata-se do desafio da imaginação, que se deixa acompanhar da consciência de que não há regras prévias sobre o sentido de cada uma dessas coisas. Todo e qualquer encontro — com o amante, com um lugar, com o pensamento, com os outros, com a obra — é vivido em um misto de proximidade e distância, de semelhanças e diferenças, no qual as tecnologias têm cada vez mais importância. Este livro que agora você tem em mãos, por isso, não deixa de ser um elogio à invenção que a cada vez precisamos fazer da arte do encontro.

Para o leitor brasileiro, além de tudo, é uma oportunidade justamente para um encontro: com o filósofo português João Pedro Cachopo. Este livro não deixa de ser ele mesmo, portanto, um modo de aproximar aquilo que, de outro modo, estaria distante. Em uma nota pessoal, posso atestar o quanto o diálogo com ele foi, para mim, de grande relevância para pensar a pandemia — e muito mais. É, assim, uma alegria ver este livro agora editado no Brasil, um país no qual a pandemia tomou proporções dramáticas e explicitou ainda mais desigualdades sociais e disparates políticos. Precisamos de vida inteligente por aqui. E é o que encontramos neste livro.

PEDRO DUARTE é professor de filosofia na Pontifícia Universidade Católica do Rio de Janeiro e autor de *A pandemia e o exílio do mundo* (Bazar do Tempo, 2020)

NOTA À EDIÇÃO BRASILEIRA

A edição brasileira d'*A torção dos sentidos* representa um duplo salto no tempo e no espaço. A pretexto do primeiro, que se joga na distância entre 2020 e 2021, tomarei o pulso à hipótese que me impeliu à escrita deste livro. À boleia do segundo, nessa travessia do Atlântico, sublinharei o aspecto político da minha abordagem à pandemia. Assim, pondo em perspectiva a minha visão dos meios digitais, unirei as reflexões esboçadas no Epílogo, sobre a sua importância no cultivo de uma consciência global, com a "arte do encontro" de que fala o Pedro Duarte, com generosidade e perspicácia, no Prefácio com o qual aceitou apresentar este meu estudo aos leitores e às leitoras no Brasil.

A pandemia — como escrevo em tom de provocação logo no Prólogo — não é o acontecimento. O acontecimento, precipitado pelas medidas tomadas para conter a pandemia, é o que designo por torção dos sentidos: um revolvimento do modo como nos imaginamos próximos ou distantes de tudo o que nos rodeia. Ao formular esta hipótese, há sensivelmente um ano, partia de um sentimento partilhado. Por um lado, sentimo-nos mais distantes dos próximos: era o hiato entre nós e os lugares, as pessoas e as experiências que nos habituáramos a ter perto de nós, das nossas casas, dos nossos afectos, dos nossos passos. Por outro lado, sentimo-nos — ou imaginámo-nos — mais próximos dos distantes: era o relance daqueles outros lugares, pessoas e experiências longínquos, nos quais pensávamos uma e outra vez, com cada vez mais frequência. Não foi só o medo mas também o despontar de uma consciência e de uma sensibilidade globais que animou os primeiros tempos da pandemia.

Esta intuição pode suscitar diversas resistências. Poder-se-ia retorquir que nada disto foi novo: a "aproximação do distante" e a "equalização das distâncias" não seriam inéditas, nem teriam que ver com a pandemia. Seriam consequências bem conhecidas da revolução digital. Acolho essa resistência como quem apanha uma onda. E acrescento agora: se a pandemia não é o acontecimento, é porque o acontecimento é a revolução digital. A pandemia, desse ponto de vista, mais não fez do que acelerar e revelar o impacto da revolução digital. Daí, parafraseando Freud, a inquietante estranheza destes tempos, este misto de familiaridade e alienação: estas tecnologias já aí estavam; simplesmente, a transformação da condição humana que desencadeiam permanecia na sombra. Assim, a pandemia não mostra apenas *que* o acontecimento é a revolução digital. Revela também, se não sobretudo, *como* é a revolução digital o acontecimento. E é-o, como gostaria de frisar, por meio do seu impacto sobre a faculdade de imaginar. É a imaginação o campo de batalha, o plano em que, reconhecida a inseparabilidade entre imaginação e tecnologia, os efeitos perniciosos e as ilusões malsãs das tecnologias de remediação digital se combatem e as margens de manobra da emancipação, do cuidado e da criatividade se conquistam.

Mas há outra resistência. Poder-se-ia deplorar o emprego indevido do "nós". Até que ponto é legítimo o uso da primeira pessoa do plural num mundo tão desigual e desunido? Que o "nós" não possa ser pressuposto enquanto dado, que devamos sublinhar o desafio da sua elaboração colectiva, é o que defendo e discuto no Epílogo. Ora, que a tónica seja posta, agora ainda mais do que há um ano, no entrelaçamento entre crise pandémica e revolução digital, torna ainda mais problemático o emprego do "nós". Pois, como é óbvio, as condições de acesso a estas tecnologias é díspar e, nesta disparidade, a dificuldade de recalibrar usos positivos e negativos aumenta. Escusado é dizer — passando, entretanto, do salto temporal ao salto espacial — que a questão do "nós" se levanta, de modo singular, quando o livro atravessa o Atlântico.

Vale recordar que a pandemia teve destinos muito distintos em Portugal e no Brasil. Não ignoro que é assim. Por circunstâncias várias, acompanhei de perto as reacções de amigos e de amigas nos dois países. A heterogeneidade das suas preocupações e posicionamentos foi manifesta. Não caberia no espaço desta nota medir todas as diferenças, mas importa referir que as actuações contrastantes dos governos dum e doutro lado do Atlântico ditaram a sensibilidade daqueles e daquelas que acompanharam o debate filosófico sobre a pandemia. Para dar um exemplo óbvio: a tolerância ao "erro de Agamben" — como lhe chamo no livro — foi diminuta no Brasil, um país em que a aliança entre "negacionismo" e "necropolítica" fez demasiadas vítimas mortais para que a sugestão de que a pandemia fora uma invenção suscitasse outra coisa que não repúdio.

Mas o ponto a que quero chegar toma este aspecto óbvio — a gestão criminosa da pandemia no Brasil — como partida e não como meta. É que as diferenças convidam ao encontro. E este encontro — a possibilidade deste encontro, a vontade de tornar possível este encontro — de perspectivas, sensibilidades e anseios depende hoje, em larga medida, dos meios digitais. Essa é talvez a mais forte razão do tom aparentemente favorável aos meios digitais que atravessa *A torção dos sentidos*. Pois este livro não ignora — na verdade, sublinha — muitos dos perigos e ameaças que o digital acarreta. É verdade que desconstrói a crítica apocalíptica dos novos *media*, mas é também verdade que nunca envereda pela sua apologia, antes procurando esquivar-se quer a "apocalípticos" quer a "remediados" (os detractores e os apologistas das tecnologias de remediação digital). Ainda assim, o aspecto que eu gostaria de salientar remete para uma implicação política de toda a minha argumentação: não é possível, virando as costas ao digital, combater a nova ameaça gerada pela pandemia, a ameaça da localização.

Pois a pandemia gerou precisamente essa ameaça: de um enclausuramento da imaginação no espaço do local. Não se trata de opor globalização e localização e muito menos de tomar partido entre elas. As duas ameaças correm paralelas. Trata-se, somente, de reconhecer que as restrições à mobilidade decorrentes da pandemia estão a gerar uma dinâmica centrípeta, de retorno à pátria, de regresso à casa, de recuo às origens, e que essa mentalidade, por mais contrária à lógica da globalização que seja, não nos defende de outros perigos, como o recrudescimento do racismo e do nacionalismo.

Contra estes perigos, *A torção dos sentidos* toma o partido do longínquo, do diferente, do heterogéneo. É na aproximação ao distante que reside a sua aposta e o seu repto. É, pois, com alegria que se acerca da comunidade brasileira de leitores e leitoras, à qual, graças ao acolhimento da Elefante, se dá agora a conhecer.

Lisboa, maio de 2021

AGRADECIMENTOS

Agradeço, pois jamais se ensaia só, àqueles e àquelas com quem partilhei e discuti, de longe ou de perto, com brevidade ou longamente, antes ou depois da publicação da primeira edição, as ideias expostas neste livro: à Ana Ilievska, ao Dominique Mortiaux, ao Filipe Pinto, ao Gonçalo Marcelo, à Isabel Salema, à Jessica Di Chiara, ao João Oliveira Duarte, à Kateryna Maksymova, à Kelly Hecklinger, à Ligiana Costa, à Livia Sabag, ao Luís Ferro, ao Luís Soldado, à Maria Filomena Molder, à Maria João Cantinho, à Mariana Castro, à Mariana Pinto dos Santos, ao Miguel Serras Pereira, ao Nuno Fonseca, ao Pedro Duarte, ao Rodrigo Duarte, ao Sílvio Santana, ao Tomás Maia e à Virginia Figueiredo.

PRÓLOGO

A PANDEMIA NÃO É O ACONTECIMENTO

O título deste prólogo peca contra o bom senso. Ao invés de apontar, de forma directa e inequívoca, para o propósito do livro, pisca-lhe o olho com uma formulação negativa, esquiva, provocatória: *a pandemia não é o acontecimento*. Dir-se-ia que, desviando-se com ironia, um tal título dá azo ao equívoco. Mas será mesmo assim? Não terá ele a manha de deixar leitores e leitoras com a pulga atrás da orelha, de gerar desassossego, um desassossego menos agarrado a certezas, mais saltitante e furtivo? Pode dizer-se desta pulga que denota o desconforto que perseguiu o autor destas páginas ao longo dos primeiros meses da pandemia: a sensação de que nos escapa o que está a acontecer, a suspeita de que o acontecimento antecedeu e se prolongará após o choque, que se está a dar noutro plano, que ainda não pesámos, distraídos pela vozearia da loucura e da sensatez, aquilo em que consiste e a amplitude das suas consequências.

Subsistem demasiadas questões. Que tipo de acontecimento é a pandemia de covid-19? Como reagimos ao seu advento no início de 2020? O que revela esta crise sobre o mundo em que vivemos? De que modo está a pandemia a transformar as nossas vidas? Como podemos e devemos posicionar-nos em termos éticos, políticos e artísticos perante estas transformações? Que implicações tem a pandemia no contexto da crise climática que se aprofunda?

O que será feito de nós depois da pandemia? As tentativas de responder a estas questões giram em torno de uma hipótese, uma hipótese que é também um desvio de perspectiva (aquele que o título deste prólogo anuncia). A pandemia não é *em si mesma* o acontecimento. O acontecimento, precipitado pela conjunção de isolamento preventivo e uso exacerbado de tecnologias de remediação, é a torção dos sentidos por meio dos quais nos reconhecemos próximos e distantes de tudo o que nos rodeia. Esta formulação requer os esclarecimento avançados neste prólogo.

❧

Recuemos ao início de 2020. Subitamente, por consequência das medidas de confinamento e distanciamento social tomadas para conter a pandemia de covid-19, tivemos de nos isolar. Este isolamento não foi absoluto. E a sua vigência, ora mais estrita ora mais flexível, variou muito à escala mundial em função de circunstâncias pessoais, sociais e económicas. Em qualquer caso, as restrições da "quarentena global" e da "nova normalidade" suscitaram o uso recorrente e prolongado de tecnologias digitais: dispositivos, plataformas e aplicações com as funcionalidades mais diversas, mas a promessa comum de remediar a distância e a demora. Nenhuma destas tecnologias era nova, mas o seu uso impôs-se nas nossas vidas com uma frequência e uma intensidade inéditas. A remediação digital revelou-se uma condição de possibilidade da experiência, reconfigurando a topologia imaginária das nossas vidas. Sentimo-nos mais distantes do que nos era próximo e, ao mesmo tempo, mais próximos do que nos era distante.

Importa esclarecer os motivos por que privilegio o conceito de "remediação", entre tantos outros que me permitiriam discutir o impacto das tecnologias digitais. O primeiro concerne à própria definição do termo, que designa, no âmbito dos estudos de *media*, a representação de um *medium* noutro *medium* (Bolter & Grusin, 1999). Com efeito, embora as práticas de "remediação" tenham uma genealogia complexa, a relevância do conceito no mundo contemporâneo prende-se com o facto de ele permitir pensar o que só a tecnologia digital, em virtude da universalidade do seu código binário, tornou possível: a confluência de diferentes *media* — som, imagem e texto — num único *medium*. Neste sentido, o conceito de "remediação" fornece-nos um emblema do impacto da revolução digital sobre a experiência humana, e é nessa acepção que quase sempre o emprego neste livro.

O segundo motivo diz respeito à ambivalência semântica da palavra. Por um lado, em virtude do seu prefixo, o termo "remediação" sublinha o carácter representativo dos fenómenos que nomeia, desconstruindo *a priori* ilusões de transparência e imediatez. Por outro lado, evocando as noções de remédio, de remedeio ou de reparo, ele sugere uma substituição reparadora. Assim, permitindo relançar tanto o desmascaramento quanto a prevalência das ilusões suscitadas por tecnologias digitais, o conceito de "remediação" revela-se particularmente útil no exame da "torção dos sentidos" que o seu uso exacerbado desencadeia.

Cabe, portanto, sublinhar o nexo entre "remediação da experiência" e "torção dos sentidos", mas também esclarecer que não me refiro, com a expressão que serve de título a este livro, aos sentidos da visão, da audição, do tacto, do olfacto e do paladar. O funcionamento do nosso sistema sensorial permaneceu inalterado. Não se trata de pensar, à maneira de McLuhan, extensões ou amputações de órgãos dos sentidos. O abalo que a nossa sensibilidade sofreu diz mais respeito à imaginação do que à percepção. Que um determinado fenómeno seja percepcionado como próximo ou distante no espaço e no tempo nada nos diz acerca de como ele nos afecta a partir dessa proximidade ou dessa distância. Que esse mesmo fenómeno seja reconhecido como mais ou menos ameaçador, mais ou menos tocante, mais ou menos premente, eis o que só a imaginação permite explicar.

A torção de que aqui se fala é, pois, a daqueles sentidos — como o amor, o estudo, a arte, a comunidade e a viagem, entre outros tantos de que não chegarei a falar — cuja experiência assenta no reconhecimento de uma distância e de uma proximidade que significam *para nós* e não *em si*. Com efeito, o que são aqueles sentidos senão formas significativas de aproximação e distanciamento — da alteridade (amor), do desconhecido (estudo), do enigmático (arte), do comum (comunidade), do remoto (viagem)? Esta não é — nem pretende ser — uma lista exaustiva ou definitiva de sentidos. Ela é tão-só ilustrativa de algumas mutações que me interessa mapear nos domínios da ética, da política e da arte.

❦

A pandemia terá um fim. A vida continuará. O mundo retomará a marcha. É isso que esperamos e, ao mesmo tempo, é isso que nos angustia. Entre esperança e angústia, este conjunto de ensaios procura examinar as cicatrizes do acontecimento pandémico como vestígios de um futuro próximo que se vinha insinuando há algum tempo. É em relação a esse futuro, para o qual fomos subitamente catapultados, que importa tomar posição. Pois não nos enganemos: as transformações que a pandemia revelou e acelerou já estavam em curso. Foram mais precipitadas do que provocadas por ela. A revolução digital não é de hoje nem de ontem. E a gradual metamorfose do ser humano que implica é inevitável. O que não é inevitável, nem tão-pouco está dado à partida, é o curso que essa metamorfose tomará. Não temos de ser apenas aquelas e aqueles a quem algo acontece. No que toca às transformações precipitadas por esta pandemia, *estamos* tanto sujeitos ao acontecimento quanto *somos* sujeitos dele.

Importa encarar a "torção dos sentidos" sem fatalismo. O propósito deste livro é a um só tempo reconhecer o acontecimento e posicionar-se diante dele. Sugiro que este posicionamento deve rejeitar duas posturas diametralmente opostas: a desconfiança catastrofista que vê nas tecnologias digitais pura e simplesmente um mal, cuja consequência inelutável seria o empobrecimento generalizado da experiência e o domínio total sobre a vida, e o entusiasmo ingénuo que acolhe o admirável mundo dos novos *media*, louvando acriticamente as suas possibilidades e fechando os olhos aos seus perigos. Rejeitando o catastrofismo apocalíptico e a ingenuidade integrada, e sugerindo a necessidade de um elo colaborativo entre tecnologia e ecologia, termino com cinco lances de aproximação e distanciamento a propósito do amor, da viagem, do estudo, da comunidade e da arte.

I.

O QUE PODE A FILOSOFIA NOS TEMPOS QUE CORREM?

Ninguém esperava uma crise com os contornos e a gravidade do que veio a ser a pandemia do novo coronavírus. A surpresa, que num lapso de poucas semanas se apoderou do mundo, cedo se transformou em estupefacção e pânico. O que se passou? Que desastre veio a ser este? Não foi uma catástrofe natural — um terramoto, um tsunami, um meteorito. Não foi um acto terrorista. Não foi a queda de uma bolsa. Tratou-se de um vírus: de um vírus invisível, como qualquer outro, mas cuja propagação e letalidade levaram à tomada de medidas consideradas até há pouco tempo impensáveis. Sobretudo, tratou-se de um vírus sobre o qual se sabia pouco, inquietantemente pouco.

Sobre tal ameaça, invisível e insidiosa, era preciso saber a verdade: importava, o mais rápido possível, converter a dúvida — o melhor rastilho do medo — em certeza. Assistimos, por isso, a uma avalanche de cálculos, estatísticas, exponenciais, curvas, planaltos e picos. O valor da certeza — da promessa de certeza, da esperança de certeza, do mero vislumbre do que pudesse assemelhar-se a uma certeza — subiu a pique. Mas não faltou quem quisesse vender as suas certezas em saldos: multiplicaram-se os gráficos caseiros, mezinhas várias contra o vírus da incerteza. Num tempo ávido de certezas, exige-se da filosofia um *certo* distanciamento: que não ceda à pressão de obter respostas.

E porém, mais do que nunca, respostas eram necessárias. O tempo urgia. Urgia encontrar soluções: médicas, logísticas, políticas. O escrutínio público, concomitante com a tomada de decisões, foi e permanece necessário. Denuncia-se, e bem, a necropolítica que não hesita em sacrificar vidas no altar da economia; alerta-se, e bem, para a dimensão global da crise e para a necessidade de solidariedade internacional; condena-se, e bem, os arroubos autoritários a que o clima de excepção convida. Tudo isto foi e permanece fundamental. Ao mesmo tempo, se não precisamos — e eu não creio que precisemos — da filosofia para perceber tudo isto, cabe então perguntar: o que pode a filosofia nos tempos que correm? Como se expressa e em que medida é útil o seu distanciamento na proximidade a que a intervenção no espaço público obriga?

A pergunta de Giorgio Agamben

Detenho-me em alguns dos textos de Giorgio Agamben, que tanta polémica geraram no início da pandemia. Antes, porém, de incidir sobre a sua pergunta, detenho-me no seu erro. Qual foi o erro de Agamben? Este consistiu, muito simplesmente, em abordar o problema da pandemia, apelidando-a de "invenção", como se dispusesse de uma *certeza* acerca da sua menor gravidade.[1] Foi um erro, porque o filósofo não tinha nem tem como saber quão grave é a doença. Agamben, entretanto, emendou ligeiramente a mão. Num texto posterior, intitulado "Reflexões sobre a peste", anuncia que "as reflexões que se seguem não dizem respeito

---

[1] AGAMBEN, Giorgio. "L'invenzione di un'epidemia", *Quodlibet*, 26 fev. 2020.

à epidemia, mas ao que podemos compreender das reacções dos homens relativamente a esta". Agamben prossegue, delineando os termos da pergunta que me interessa realçar:

> Trata-se de reflectir sobre a facilidade com que uma sociedade inteira aceitou sentir-se contaminada, isolar-se em casa e suspender as suas condições normais de vida, as suas relações de trabalho, de amizade, de amor e até mesmo as suas convicções religiosas e políticas. Porque não tiveram lugar, como era possível imaginar e como habitualmente sucede nestes casos, protestos e oposições?[2]

Não vou discutir a hipótese sugerida por Agamben: que a "peste" já existia, ainda que inconscientemente, como desconforto com um modo de vida profundamente errado. Vou antes considerar a pergunta, que considero certeira. Dizer de uma pergunta que é certeira pode gerar perplexidade. Afinal, como pode uma pergunta ser certeira independentemente da resposta? Ora, é exactamente isso — que uma pergunta pode ser certeira independentemente da resposta, e independentemente das hipóteses e suspeitas de que é solidária — que gostaria de sublinhar, a fim de tecer algumas considerações mais gerais sobre o papel da filosofia em tempos de incerteza.

Há perguntas cuja relevância consiste em perspectivar a própria pulsão questionadora não só como "causa" mas também como "consequência". Não se trata apenas de discutir a adequação do método que conduz à obtenção de respostas verdadeiras. Trata-se, antes disso, de perguntar (de perguntar sobre a pergunta): que experiências, que anseios,

---

[2] AGAMBEN, Giorgio. "Reflexões sobre a peste", *Punkto*, 27 mar. 2020.

que memórias, que astúcias, que temores nos levam a fazer uma pergunta, a privilegiar esta pergunta em detrimento doutra, a responder-lhe desta ou daquela maneira, ou a exigir que para determinada pergunta se encontre resposta imediata? Logo, trata-se também de perguntar: que questões deixam de ser levantadas quando toda a atenção está voltada para obter a resposta a uma única pergunta?

Ao longo dos últimos meses, parece claro que a pergunta "como e quando nos livraremos da pandemia?" se tornou hegemónica ao ponto de nos fazer esquecer — ou mesmo de nos fazer querer calar — outras perguntas. Esse não é o menor dos perigos da situação que enfrentamos. É por pôr o dedo nessa ferida — no perigo de nos deixarmos cegar por esse monoquestionamento — que a pergunta de Agamben é certeira. E é-o, consequentemente, por sugerir que a única forma de lidarmos de forma lúcida com a pergunta que nos assalta passa por resistirmos à tentação de desistir de tudo — do amor, da liberdade e da coragem de fazer outras perguntas — e tudo deixar nas mãos da primeira entidade, instituição ou discurso que pareça prometer uma resposta, um antídoto, se não contra o vírus, contra o temor que a incerteza em relação a ele gera.

É que no coração da pergunta — como e quando nos livraremos da pandemia? — o medo de não saber, de ainda não saber, de saber tarde demais, grita mais alto do que a vontade de saber. A pergunta está assustada. A pergunta impacienta-se, irrita-se com quem pensa noutra coisa e faz outras perguntas. Por fim, não quer aceitar que ainda não haja resposta. Eis o paradoxo em que mergulhou, na sua resposta mais imediata à pandemia, a doxa mundial. Por um lado, rejeitando o obscurantismo, apressou-se a dar a palavra à ciência. Por outro lado, recusou, não sem dogmatismo, quase com autoritarismo, que esta possa ter dúvidas.

Sejamos claros neste ponto: é à ciência que cabe dar a palavra no enfrentamento de uma pandemia. Mas essa não é a única questão. A questão é também a de que a ciência não fala a uma só voz. Além disso, não tem — não pode ter — certezas imediatas. Não tem como produzir uma vacina da noite para o dia, tal como se divide sobre o melhor caminho para obtê-la e sobre o melhor método para controlar o surto. Recordar os limites da ciência, de que a melhor ciência está perfeitamente ciente, não é atacá-la. Pelo contrário, num contexto de histeria generalizada — como foi o período que se seguiu à declaração da pandemia pela OMS a 11 de março de 2020 —, é defendê-la da pressão que sobre ela exerce a avidez de certezas. Neste aspecto, as perguntas da filosofia, que não se confundem com as da ciência, reclamam para ela uma margem de manobra fundamental.

Nos tempos que correm, esta avidez de certezas — ou, para ser mais preciso, a agudização desta avidez de certezas — é sintomática. Constitui uma reacção defensiva ao fenómeno das fake news. É de notícias falsas que se alimentam correntes de opinião negacionistas. Nessa medida, no contexto pandémico, combater as fake news não tem apenas que ver com apurar a verdade mas também com salvar vidas. Por outras palavras, a desinformação, o negacionismo e a necropolítica andam de mãos dadas. Mas o *verdadeiro* não é o contrário simétrico do *falso*. E a nova idolatria dos factos, que uns confundem indevidamente com uma apologia da ciência e outros tomam como pretexto para apresentar a distinção entre filosofia e ciência como um conflito, tem inúmeros perigos. E estes são de índole tanto epistemológica quanto política.

Não basta dizer que nenhum facto é em si mesmo a verdade. Importa também reconhecer que é perfeitamente possível enganar sem proferir qualquer mentira. Disso são as redes sociais um exemplo crasso: a manipulação dá-se não apenas na adulteração dos factos mas ainda, se não fundamentalmente, na sua descontextualização. Sendo a interpretação fundamental quer em ciência quer em filosofia, ambas rejeitam a equiparação entre o apuramento dos factos e o reconhecimento da verdade. O primeiro não conduz necessariamente ao segundo. Ora, a obsessão com os factos gera uma cortina de fumo por meio a qual é impossível reconhecer a verdade. A filosofia acrescenta o seguinte: que não só o deslindamento da verdade não coincide com a elencagem dos factos como, no que toca à primeira, a pergunta — a pergunta que *se faz* e sobretudo que *se escolhe* fazer — é decisiva.

Intempestividade

Trata-se de interrogar o presente. Trata-se, por conseguinte, de *não* fazer as perguntas que o presente faz. As perguntas com as quais a filosofia interroga o seu tempo não são as perguntas que esse tempo faz ou quer ver respondidas. São amiúde as perguntas de que esse tempo não quer sequer ouvir falar. Elas não são somente impopulares, mas irritantes e escandalosas. Não é, contudo, para *épater* burgueses, proletários ou aristocratas que a filosofia desembainha pontos de interrogação. A sua lógica não é meramente negativa. Daí que as perguntas da filosofia surjam, quase sempre, aliadas a hipóteses e suspeitas. A pertinência destas, contudo — e nisso a diferença entre filosofia e ciência é abissal —, não consiste em pôr-nos no encalço de um saber sobre o real.

Os filósofos, segundo o adágio de Karl Marx, limitaram-se a interpretar o mundo de modos diversos. Ora, trata-se de transformá-lo. Na *Dialéctica negativa*, aludindo a esta célebre passagem das *Teses sobre Feuerbach*, Theodor W. Adorno sugere que "a filosofia, que um dia pareceu ultrapassada, mantém-se viva porque se perdeu o instante da sua realização", acrescentando que "o juízo sumário segundo o qual ela simplesmente interpretou o mundo e se encontra deformada pela resignação diante da realidade torna-se derrotismo da razão a partir do momento em que a transformação do mundo fracassa" (Adorno, 2003, p. 15).[3] Esta formulação apresenta-nos um nó que interessa desatar e reatar. Há pouco mais de um ano, Franco "Bifo" Berardi sugeriu que o cortássemos. Dado que a vontade de transformação do mundo conduziu a resultados desastrosos, tratar-se-ia de inverter a fórmula de Marx: cingir os filósofos à interpretação, que é também a tarefa de "decifrar possibilidades", entendendo estas como mais do que meras probabilidades (Berardi, 2019, p. 3).

Mais do que inverter a fórmula de Marx, apostaria em repensar o entrelaçamento dos seus dois motes: interpretação e transformação. Mas a filosofia só pode transformar interpretando ou interpretar transformando se não se limitar a perseguir a verdade sobre o real e o possível. As hipóteses e as suspeitas da filosofia não querem *essa* verdade. O que elas visam, e nisso são interpretação e transformação em simultâneo, não é uma adequação aderente ao real, mas uma inadequação revolvedora desse real.

---

[3] São da minha responsabilidade as traduções de referências noutras línguas que não o português.

A hipótese de Slavoj Žižek
e a suspeita de Byung-Chul Han

Isto aplica-se, voltando ao debate sobre a pandemia, quer à hipótese de Slavoj Žižek, segundo a qual a pandemia representa um golpe fatal contra o sistema capitalista global, quer à suspeita de Byung-Chul Han, segundo a qual ela poderá suscitar, por via do incremento de medidas de vigilância e controlo de dados, uma viragem autoritária no mundo ocidental. O que opõe de imediato estas duas perspectivas é o tom: num caso optimista, noutro caso pessimista. É, no entanto, para aquilo que têm em comum, apesar da sua oposição óbvia, que me interessa, por agora, chamar a atenção (voltarei à sua oposição no capítulo seguinte). Atendamos à imagem empregada por Žižek para dar corpo à sua hipótese:

> A atual propagação da epidemia de coronavírus acabou também por desencadear uma vasta epidemia de vírus ideológicos que estavam latentes nas nossas sociedades: notícias falsas, teorias da conspiração paranoicas, explosões de racismo. [...]
> Mas é possível que outro vírus ideológico muito mais benéfico se propague e, com sorte, nos infete: o vírus de pensar numa sociedade alternativa, uma sociedade para lá do Estado-nação, uma sociedade que se atualize nas formas da solidariedade e da cooperação globais. [...]
> Na cena final de *Kill Bill: Volume 2*, de Quentin Tarantino, Beatrix põe o maléfico Bill fora de combate e ataca-o com a "Técnica dos Cinco Pontos que Fazem Explodir o Coração", o golpe mais mortífero de todas as artes marciais. O movimento consiste numa combinação de cinco arremetidas com as pontas dos dedos em cinco diferentes pontos de pressão no corpo da vítima — quando a vítima se afasta e dá cinco passos,

o coração explode-lhe dentro do corpo e ela cai redonda no chão. [...]

A minha modesta opinião é muito mais radical: a epidemia do coronavírus é uma espécie de "Técnica dos Cinco Pontos que Fazem Explodir o Coração" contra o sistema capitalista global — um sinal de que não podemos continuar como até aqui, de que se impõe uma mudança radical. (Žižek, 2020, p. 39 ss.)

Os pormenores do filme de Quentin Tarantino evocado por Žižek, a segunda parte do díptico *Kill Bill*, não são despiciendos. Mais do que o derrube imediato do capitalismo, a imagem do golpe aplicado ao seu coração sugere a consciencialização da sua desagregação a termo. Žižek sublinha que "o que torna este ataque tão fascinante é o lapso de tempo entre ser-se atingido e o momento da morte: posso manter uma conversa agradável desde que me mantenha calmamente sentado, mas estou ciente durante todo esse tempo de que no momento em que começar a andar o meu coração vai explodir" (Žižek, 2020, p. 40). Aqueles cinco passos que a vítima tem de dar antes de cair por terra, não sabemos quanto tempo demorarão. É isso que permite a Žižek tomar esta cena por emblema da sua hipótese e previne, de antemão, a caricatura: não se trata de anunciar o colapso imediato do capitalismo. O que importa realçar é o efeito que a hipótese pretende surtir: interpretar a pandemia como um "sinal de que não podemos continuar como até agora" ou que "uma mudança radical é necessária" é uma forma de contribuir para essa mudança. Em suma, a hipótese filosófica visa não a máxima adequação à realidade mas a máxima tensão entre a aproximação interpretativa e o distanciamento transformador.

O mesmo se aplica à suspeita de Han, pese embora o nítido contraste com a hipótese de Žižek. Ao sublinhar o perigo de a pandemia poder vir a servir de pretexto para a implementação de medidas de vigilância e controlo inéditas nos países ocidentais, que são cada vez mais comuns em países asiáticos, Han pretende não tanto descrever *realisticamente* o futuro quanto imaginar *preventivamente* o que ele pode trazer. A sua descrição tem o carácter de um alerta. A suspeita tem por objecto aquilo que pretende prevenir. Daí a utilidade de uma descrição drástica da situação.

> Toda a infraestrutura para a vigilância digital se mostrou agora ser extremamente eficaz para conter a epidemia. [...]
>
> Os fornecedores chineses de telefonia celular e de internet compartilham os dados sensíveis de seus clientes com os serviços de segurança e com os ministérios de saúde. O Estado sabe, portanto, onde estou, com quem me encontro, o que faço, o que procuro, em que penso, o que como, o que compro, aonde me dirijo. É possível que no futuro o Estado controle também a temperatura corporal, o peso, o nível de açúcar no sangue etc. Uma biopolítica digital que acompanha a psicopolítica digital que controla ativamente as pessoas. [...]
>
> O futuro também está na digitalização no que se refere à pandemia. Pela epidemia talvez devêssemos redefinir até mesmo a soberania. É soberano quem dispõe de dados.[4]

É curioso verificar que os posicionamentos de Agamben, Žižek e Han se articulam por meio de eixos contraditórios. A intuição de Žižek contradiz a de Agamben. Como pôde Agamben — assim pensa a intuição de Žižek — supor que se tratava de uma invenção dos poderes instalados, sendo tão óbvio que a pandemia perturba a engrenagem do

---

[4] "O coronavírus de hoje e o mundo de amanhã, segundo o filósofo Byung-Chul Han", *El País Brasil*, 22 mar. 2020.

capitalismo? A hipótese de Žižek é que a pandemia releva e acentua as contradições no coração do capitalismo, coração que a pandemia teria golpeado fatalmente. A intuição de Han, por sua vez, contradiz a de Žižek. Como pôde Žižek — assim pensa a intuição de Han — supor que a pandemia poderia derrubar o capitalismo sendo tão óbvio que o capitalismo não tarda em aproveitar-se das crises que o assolam? A hipótese de Han, que aqui segue de perto a "doutrina do choque" de Naomi Klein, é que o incremento do autoritarismo é bem mais provável, devendo por isso ser combatido, do que a emergência de um qualquer espírito de entreajuda ou movimento de solidariedade internacional.

Quer a hipótese de Žižek quer a suspeita de Han visam um distanciamento do real, cuja negatividade reconhecem. E desejam esse distanciamento em direcções — atrevo-me a supor — similares: o seu horizonte é a perspectiva de uma sociedade pós-capitalista, de um mundo capaz de pôr freio àquilo em que se torna o seu curso: uma corrida desenfreada, de catástrofe em catástrofe, como diria Isabelle Stengers (2015), em direcção ao abismo. O que as distingue, à hipótese de Žižek e à suspeita de Han, é a natureza das apostas que lhes servem de pedra-de-toque. Žižek aposta em realçar "o vírus de pensar numa sociedade alternativa, uma sociedade para lá do Estado-nação, uma sociedade que se atualize nas formas da solidariedade e da cooperação globais" (Žižek, 2020, p. 39), uma sociedade para cuja concretização a sua hipótese procura contribuir activamente. Han, em contrapartida, aposta em realçar que o "vírus é um espelho".[5] Ele mostra a realidade em que vivemos, pondo a nu o facto de a sociedade do cansaço em que vivemos caminhar

---

[5] "Byung-Chul Han: covid-19 has reduced us to a 'society of survival'", *Euractiv*, 24 maio 2020.

paulatinamente para uma sociedade da sobrevivência. Ao invés de promover a solidariedade global, o medo do vírus acentua o individualismo. Ora, esta é precisamente a sociedade, uma sociedade de isolamento, desconfiança e exaustão, que a suspeita de Han pretende prevenir.

Como se o medo não pudesse tanto

Os tempos que correm são tempos de incerteza. Mas não de uma incerteza qualquer. A incerteza dos tempos que correm é uma incerteza que ameaça. Vivemos numa sociedade de ameaças. A ameaça (e o medo) do vírus que aí está. A ameaça (e o medo) da crise que aí vem. A ameaça (e o medo) das forças que possam aproveitar-se desse medo e das fraquezas que nos impeçam de ultrapassá-lo. Por fim, o medo infiltra-se nas próprias tentativas de combatê-lo.

Importa esquivar-se ao medo. E não ceder à chantagem, que é a do medo, de que em tempos de ameaça — em tempos de emergência ou de catástrofe — não há tempo para pensar. Também aí reside um perigo. E talvez esse seja o maior perigo: ignorar ou esquecer que a vontade de certeza e de segurança a qualquer preço conduz à hipoteca do pensamento e à renúncia a uma vida digna de ser vivida.

A filosofia distancia-se. Contudo, este distanciamento não é nem espera no tempo nem recuo no espaço. Não é prudência. É busca do melhor ângulo na concomitância e na coincidência com o perigo. A filosofia existe como se o medo não pudesse tanto. Eis o escândalo: distancia-se, com as suas perguntas, suspeitas e hipóteses, como se ainda houvesse tempo para pensar.

1

II.

PERGUNTAS, HIPÓTESES, SUSPEITAS

1. CONSIDEREMOS DUAS PERGUNTAS sobre a pandemia. O que *revela* sobre nós e sobre a realidade que nos rodeia? De que maneira *transforma* os nossos modos de vida e o mundo em que vivemos? Do cruzamento das respostas a estas duas perguntas emergem, em tons ora mais optimistas ora mais pessimistas, os possíveis posicionamentos sobre esta crise. Estas perguntas têm sido debatidas à saciedade. São, de facto, incontornáveis. Também por isso, a pergunta que verdadeiramente interessa fazer é outra, a saber: qual o melhor modo de formular aquelas duas perguntas, questionando-se sobre o que há de *revelador* e de *transformador* na pandemia, a fim de cruzá-las de modo intempestivo?

A hipótese avançada neste livro — que a pandemia precipitou uma torção dos sentidos que nos ligam ao mundo — constitui uma radicalização do pressuposto da segunda pergunta: o pressuposto — que não é consensual — de que há algo de profundamente transformador nesta crise. Esta radicalização é precedida e acompanhada por uma insistência na primeira pergunta. Contudo, interessa-me menos o que a pandemia revela sobre nós do que o que ela revela sobre o mundo. Esta ressalva tem um propósito claro: evitar o encaminhamento do debate sobre o que a pandemia tem de revelador para uma reflexão intemporal sobre a condição humana. Com efeito, tal como há precipitação na ideia de que a pandemia poderia transformar o mundo da noite para o dia, há preguiça — eis a suspeita — na sugestão de que o "maldito vírus" propiciou a "bendita introspecção" que nos conduzirá à redescoberta do que somos. De reflexões sobre a essência do humano — mais ou menos apimentadas pelo ingrediente do "ser-para-a-morte" — estão a igreja e a academia tão cheias que nem deus nem o diabo conseguem esconder o bocejo.

Há que pôr a tónica, na resposta à primeira pergunta, em que a pandemia *revela* as enormes desigualdades, fragilidades e contradições que atravessam o capitalismo global. Só assim poderemos responder à segunda pergunta, explorando a hipótese de que a pandemia *transforma* radicalmente os nossos modos de vida, de um modo consequente em termos éticos, políticos e ambientais.

2. A PANDEMIA — FACTO CURIOSO — emudeceu o filósofo do acontecimento da nossa época. Refiro-me a Alain Badiou. Não que o autor de *Ser e acontecimento* não tenha escrito sobre a crise pandémica. Na verdade, um texto seu foi um dos ingredientes — um tanto ou quanto sensaborão, diga-se de passagem — da *Sopa de Wuhan*.[6] Mas o filósofo, depois de anunciar que sempre achou que "a situação actual, marcada por uma pandemia viral, não tinha nada de propriamente excepcional",[7] exaspera-se, distrai-se, entedia-se e pouco ou nada diz. A atitude que transparece nesse texto é claramente a de alguém que acede a escrever sobre o assunto ao mesmo tempo que desabafa: "Bom, já que

---

[6] AMADEO, Pablo (org.). *Sopa de Wuhan: pensamiento contemporáneo en tiempos de pandemias.* ASPO, 2020. Para uma análise das limitações e dos méritos dessa colectânea de textos, leia-se RUBIM, Gustavo. "Um caldo pouco digestivo", *Dobra*, Desdobramento pandemia, 2020.

[7] BADIOU, Alain. "Sobre a situação epidémica", *Punkto*, 4 abr. 2020.

insistem, direi alguma coisa sobre isto, nomeadamente que não há grande coisa a dizer".

Eis, pois, um filósofo para quem a pandemia, não sem tornar ainda mais graves muitos dos problemas que já existiam no mundo, não traz nada de novo — e, muito menos, constitui um acontecimento verdadeiramente transformador. Convém clarificar: não creio que faça sentido encarar a pandemia como um acontecimento no sentido badiouano do termo — que, como sabemos, envolve quatro processos de verdade e subjectivação: o amor, a arte, a ciência e a política. Inclino-me antes para pensá-la como Peter Szendy, que, recorrendo à distinção foucaultiana entre "epidemia" e "endemia", se questiona sobre se esta será simplesmente mais uma crise, sugerindo por contraste que estamos perante uma autêntica mudança de paradigma nosológico-político.[8] Ainda assim, não deixa de me surpreender o desinteresse teórico de Badiou pelo que causa tanto transtorno prático. Dito isto, há algo de desarmante na honestidade de Badiou. Ao invés de encaixar a realidade na teoria ou de adaptar a teoria à realidade, Badiou limita-se a reconhecer algo muito simples: tanto quanto, no contexto do seu sistema filosófico, é possível pensar, a pandemia não altera os dados dos problemas.

Na verdade, malgrado o enfado e a impaciência manifestos do seu autor, o texto de Badiou não é nem mais nem menos surpreendente do que tantos outros, de índole mais ou menos filosófica, que foram escritos sobre a crise que estamos a atravessar. Como Pedro Duarte notou, nem Agamben, nem Nancy, nem Žižek, nem Bifo, nem Latour se afastaram das suas intuições matriciais nos textos que escreveram sobre a pandemia (Duarte, 2020). Isto não deve ser lido como uma crítica. Cada pensamento tem os seus

---

[8] SZENDY, Peter. "Les temps du virus", *AOC*, 24 abr. 2020.

conceitos-chave, as suas ideias fixas, as suas personagens conceptuais, que lhe servem de prisma no vislumbre singular dos acontecimentos do presente que testemunham. Neste sentido, reconhecem-se até certas afinidades electivas, por adesão ou rejeição, entre certos pensamentos e certos acontecimentos: Deleuze e o Maio de 1968, Badiou e a queda do Muro de Berlim, Agamben e o Onze de Setembro.

Ora, se um certo elemento de redundância é expectável e compreensível em qualquer esforço intelectual concentrado, o que cabe reconhecer é tão-só que há tradições ou constelações teóricas melhor apetrechadas do que outras para pensar o acontecimento pandémico. Neste aspecto, há que reconhecer a importância, para enriquecer o debate em curso, de contributos de autores ligados à biopolítica, ao pós-humanismo, ao pensamento ecológico e ainda hipóteses conceptuais como o "realismo capitalista" de Mark Fisher (2009) ou a "teoria do choque" de Naomi Klein (2008).

3. NO ACTUAL CONTEXTO, O CONCEITO DE "realismo capitalista" surge pertinente na justa medida em que o seu valor descritivo se torna, curiosamente, obsoleto. Quer dizer, a estupefacção que se apoderou do mundo explica-se por contraste com o que o conceito designa: o sentimento generalizado de que é impossível imaginar — e não simplesmente concretizar — uma alternativa coerente ao capitalismo. Como não acontecia desde o Onze de Setembro, assistimos com incredulidade às notícias. Uma sequência de acontecimentos impensáveis desfilou diante dos nossos olhos: fechamento de fronteiras, recuo maciço de produção industrial, cancelamento de actividades de todo o tipo — e tudo isto num muito curto lapso de tempo e um pouco por todo o mundo. A descrição de Bruno Latour parece-me certeira:

> A primeira lição que o coronavírus nos ensinou é também a mais impressionante: apercebemo-nos de que é possível, em poucas semanas, suspender o sistema económico em todo o mundo ao mesmo tempo, um sistema que, segundo nos diziam, era impossível abrandar ou redirecionar. Para cada argumento de um ecologista acerca da mudança dos nossos modos de vida, havia sempre o argumento inverso sobre a força irreversível do "caminho do progresso" que nada podia deter "devido à globalização". E, contudo, é precisamente o seu carácter global que torna este desenvolvimento tão frágil, tão susceptível de tomar o caminho inverso e sofrer uma interrupção abrupta.[9]

Subitamente, uma dinâmica de decrescimento, que nos era apresentada como pura e simplesmente quimérica no contexto ideológico do "realismo capitalista", afigurou-se perfeitamente viável. Acordámos no dia seguinte à travagem brusca do sistema económico e — pasme-se — o mundo não acabara. É verdade que não se tornou fácil imaginar uma sociedade pós-capitalista. Mas a perspectiva de um decrescimento global deixou de nos parecer mais difícil de imaginar do que a perspectiva de um crescimento infinito.

Foi este solavanco na epopeia do capitalismo global que motivou as reacções mais optimistas à pandemia, incluindo também as hipóteses de Žižek e Butler. Ambas apontam para o surgimento de uma consciência solidária, embora destoem na sua tonalidade política: a de Žižek, mais revolucionária, apontando para o surgimento de novas formas de cooperação global e descrevendo o tal golpe fatal desferido contra o capitalismo; a de Butler, posicionando-se no

---

[9] LATOUR, Bruno. "What protective measures can you think of so we don't go back to the pre-crisis production model?", 2020.

debate sobre o destino do sistema de saúde nos Estados Unidos, no rescaldo dos desaires das campanhas presidenciais de Bernie Sanders e Elizabeth Warren, pondo a tónica em que estas tiveram pelo menos o mérito de reacender o desejo de "um mundo social e económico no qual é radicalmente inaceitável que uns tenham acesso a uma vacina que pode salvar-lhes a vida ao passo que outros deverão ter esse acesso negado com base no facto de a não poderem pagar ou não poderem ter um seguro que a pague".[10]

Centrando o debate em questões ambientais, também Latour estabelece um nexo entre o abalo da pandemia e uma benéfica alteração de consciências. Comparando a propagação de um vírus à propagação de uma ideia, o filósofo e sociólogo francês vai ao ponto de afirmar que ele nos fornece "um modelo de contaminação" e que é uma "demonstração notável da teoria da rede". Pois, sendo verdade que "as grandes questões climáticas podem fazer os indivíduos sentirem-se pequenos e impotentes […], o vírus dá-nos uma lição: espalhando-se de boca em boca, é possível viralizar o mundo muito rápido".[11]

Seguindo uma linha de raciocínio próxima de Latour, e evocando também o trabalho de Isabelle Stengers, Jordi Carmona Hurtado arrisca mesmo a ideia segundo a qual o Sars-CoV-2 — o verdadeiro nome do inimigo que hoje cerca e invade os nossos corpos — se pode transformar num aliado. Importa "reconhecer as virtudes do inimigo", afirma, "pois esse é um evento que também está agindo como uma espécie de estranho aliado ecológico" (Hurtado, 2020, p. 5). Por um lado, como também Markus Gabriel sugeriu,

---

[10] BUTLER, Judith. "O capitalismo tem os seus limites", *Situação*, 24 mar. 2020.
[11] "Bruno Latour: 'This is global catastrophe that has come from within'", *The Guardian*, 6 jun. 2020.

a pandemia pode ser interpretada como uma reacção imunitária do próprio planeta.[12] Por outro lado, ele constitui um alerta, dando à humanidade a oportunidade, porventura derradeira, de arrepiar caminho:

> [A] terapia de choque da pandemia está conseguindo algo que nenhuma campanha ecológica havia conseguido: que entremos, por fim, numa *dinâmica de decrescimento*, sem a qual, é necessário lembrar, estávamos nos lançando de cabeça e a toda a velocidade em direcção ao colapso. E os efeitos felizes desse decrescimento começam a ser sentidos em nosso entorno: pássaros cantam de novo no coração das grandes cidades onde antes só grunhiam os carros, os céus eternamente escurecidos pela fumaça das fábricas se abrem, a água dos rios e canais volta a ser transparente, javalis se apinham em avenidas desertas. A vida não humana começa muito lentamente a celebrar seu jubileu. (Hurtado, 2020, p. 4)

4. QUEM NÃO SE DEIXA ENTUSIASMAR pelas alvíssaras cantadas à viralização de boas ideias e ao jubileu da vida é Naomi Klein. Para a autora de *A doutrina do choque*, a pandemia pode realmente conduzir a mudanças significativas na organização das nossas sociedades, mas não é de todo claro que estas mudanças sejam para melhor. Ainda os corpos estavam quentes e já se reuniam os agentes interessados em transformar a calamidade numa oportunidade de negócio. Num artigo centrado na situação em Nova York, onde o governador Andrew Cuomo anunciou o envolvimento do antigo CEO da Google, Eric Schmidt, e da Fundação Bill e Melinda Gates numa comissão recém-formada com

---

12 GABRIEL, Markus. "We need a metaphysical pandemic", Universität Bonn, 26 mar. 2020.

o fito de reimaginar o futuro daquele estado norte-americano após a pandemia, a autora reflecte sobre como empresas como a Google, a Apple e a Amazon estão a aproveitar a crise para avançar as suas agendas e fazer valer os seus interesses. No entendimento de Klein, a pandemia revela não só a fragilidade mas também, e sobretudo, a agilidade, a resiliência e a mutabilidade predatórias do capitalismo. O futuro que esta espécie de "Screen New Deal" permite entrever, e cujo impacto promete afectar principalmente as áreas da educação e da saúde, é tudo menos risonho:

> Este é um futuro no qual, para os privilegiados, quase tudo é entregue ao domicílio, ou virtualmente através de tecnologia de *streaming* e *cloud*, ou fisicamente por meio de veículos sem condutor ou drones [...]. É um futuro que emprega muito menos professores, médicos e condutores. Não aceita dinheiro nem cartões de crédito (a pretexto do controlo do vírus) e tem transportes públicos esqueléticos e muito menos arte ao vivo. É um futuro que declara ser conduzido por "inteligência artificial" mas é ao invés mantido em funcionamento por dezenas de milhões de trabalhadores anónimos [...]. É um futuro no qual cada movimento, cada palavra, cada relação pode ser localizável, rastreada e minada no seu conteúdo por colaborações inéditas entre governos e empresas gigantes de tecnologia.[13]

Klein sublinha que não se trata de rejeitar a tecnologia, mas de democratizar as decisões sobre o seu uso. O desafio, neste contexto, passa por uma intervenção muito clara no espaço público, capaz de denunciar os abusos das empresas e dos governos e mobilizar o espírito crítico da sociedade atordoada pelo choque pandémico. Deste ponto de vista, as

---

[13] Naomi Klein, "Screen New Deal", *The Intercept*, 8 maio 2020.

ideias da autora podem até convergir com as expectativas daqueles e daquelas que surpreendem um nexo entre o choque pandémico e a emergência de uma nova consciência política e ambiental à escala internacional. Simplesmente, segundo Klein, esta consciência tem de ser fomentada ao arrepio do atordoamento geral.

Há um outro aspecto em que o optimismo pandémico tropeça no seu próprio entusiasmo: na suposição de que a viralização de boas ideias, dando-se cada vez mais à escala global, corresponde a uma adesão duradoura e genuína a elas. De facto, a pandemia transportou-nos para o plano global de uma forma inédita. Nem as guerras mundiais nem as anteriores crises financeiras foram globais como esta pandemia. Mais até do que a queda das Torres Gémeas (cujas consequências se tornariam globais mas cujo foco esteve inicialmente circunscrito geograficamente), a pandemia do novo coronavírus foi o primeiro trauma que a humanidade experimentou na sua globalidade de modo sincrónico. Subitamente, preocupava-nos a situação noutros cantos do planeta. O vírus que nos separava (localmente) também nos aproximava (globalmente). Sentíamos — foi isso que pressentiram e acentuaram as perspectivas mais optimistas — que uma nova sensibilidade global assomava nas consciências individuais. Ora, se é fundamental acentuar a globalidade desta crise, é igualmente fundamental reflectir sobre o sentido dessa globalidade e averiguar o modo como nos posicionamos, intelectual e afectivamente, perante ela.

Desde logo, por mais que enfrentemos a mesma tempestade — para recordar uma das metáforas mais populares dos últimos meses —, não estamos no mesmo barco. Ou estamos no mesmo barco, mas ocupamos sectores muito distintos do mesmo, sendo fácil supor o que sucede em caso de naufrágio e escassez de coletes salva-vidas. A pandemia, como David Harvey notou, "exibe todas as características de uma pandemia de classe, de gênero e de raça".[14] A catástrofe não se abateu com a mesma gravidade sobre países pobres e ricos; não afectou da mesma forma populações desfavorecidas e privilegiadas; não se repercute da mesma maneira na vida de mulheres e de homens; não causa o mesmo transtorno no quotidiano de quem vive na periferia e trabalha no centro da cidade e de quem pode trabalhar à distância. E, entendamo-nos, a "catástrofe" da ruptura de estoque de papel higiénico é uma piada de mau gosto quando comparada com a falta de água potável que afecta mais regiões do planeta do que gostaríamos de supor. Não há como compreender o que esta pandemia significa sem salientar este ponto: que a pandemia revelou, no próprio momento em que a sua globalidade se torna patente, as desigualdades que estrangulam o nosso planeta.

Todavia, a questão não é apenas que não estejamos no mesmo barco. A questão é também que, não estando no mesmo barco, e tendo perfeita noção disso, só nos comove a situação noutros pontos do planeta — só persiste em nós a tal sensibilidade global — no momento em que nos supomos vulneráveis. Passado o susto inicial, dissolvem-se os bons sentimentos. Não desaparece a noção das desigualdades que afectam o planeta, mas o alheamento reconquista o terreno perdido. Deste ponto de vista, a pandemia revela não só as desigualdades e contradições que atravessam o mundo, mas também os entraves ao surgimento — nos planos do pensamento, do sentimento e da imaginação — de uma verdadeira consciência global.

---

[14] HARVEY, David. "Política anticapitalista em tempos de coronavírus", *Jacobin Brasil*, 21 mar. 2020.

5. DISTANTES EM TANTOS DEBATES, Rancière e Badiou convergem na rejeição do optimismo pandémico. Rancière manifesta cepticismo em relação à hipótese de que a pandemia pudesse constituir uma "boa oportunidade"[15] para ultrapassar o capitalismo. Badiou vai mais longe, declarando que é preciso "levar a cabo uma crítica feroz de toda e qualquer ideia segundo a qual fenómenos como uma epidemia abrem *por si mesmos* seja o que for de politicamente inovador".[16] Têm ambos razão em sublinhar que só a acção humana é veículo de transformação política.

Contudo, neste contexto, sendo claro que Badiou e Rancière visam implicitamente alguns dos autores referidos acima, cabe acrescentar que nem Žižek, nem Butler, nem Latour acreditam que a transformação do real se dará por obra e graça de um qualquer vírus. Qualquer um deles tem a perfeita noção de que é em virtude de uma alteração da consciência do real que se pode dar uma transformação do real. É porque a pandemia revela as contradições do mundo — a falência do capitalismo, o descalabro ecológico do planeta, a precariedade dos equilíbrios políticos, sociais e económicos em todo o mundo — que ela permite, admitindo que esta consciência dê lugar a acções, antever algum tipo de transformação.

Onde os optimismos de Žižek, Butler e Latour pecam não é, portanto, em descurarem uma articulação dialéctica entre a consciência (subjectiva) da realidade e a transformação (objectiva) dessa realidade. Daí que ponham a tónica em que também as boas ideias se podem tornar virais. Onde eles pecam é no modo ingénuo como concebem tal "dialéctica

---

[15] RANCIÈRE, Jacques. "Uma boa oportunidade?", IHU Unisinos, 1º jun. 2020.
[16] BADIOU, Alain. "Sobre a situação epidémica", *Punkto*, 4 abr. 2020.

viral". Por um lado, imaginam um contágio por boas ideias mais efectivo e mais duradouro do que é lícito considerar provável (foi o que vimos acima). Por outro lado, passam ao lado do facto de que a pandemia já está a transformar os nossos modos de vida e que a reflexão sobre a possível e desejável contaminação por boas ideias tem de ter essa transformação em conta.

A imaginação — o conjunto de ideias através das quais relanceamos o necessário, o provável e o possível — preside à transformação do mundo. Contudo, é a própria imaginação que há-de presidir à transformação do mundo que sofreu um abalo. As análises mais pessimistas de Naomi Klein ou Byung-Chul Han, pondo a tónica no impacto de tecnologias digitais na nossa consciência, revelam-se imprescindíveis. Não se trata de ceder ao pessimismo, mas de permanecer optimista sem ingenuidade, não ignorando que as medidas tomadas para conter a pandemia já estão a transformar os nossos modos de vida.

6. HÁ DESESPERO NO AR — não um desespero *de facto* mas um desespero *de jure*. A ameaça é tanto a da contaminação do vírus quanto a da obsolescência das nossas formas de vida. As transformações que possam sobrevir no mundo são inseparáveis das transformações no modo como sentimos, pensamos e agimos.

É também por este motivo que o encaminhamento da discussão sobre o que há de revelador na pandemia para uma reflexão sobre a condição humana se releva insuficiente. A pandemia e os sentimentos de solidão e vulnerabilidade por ela suscitados teriam reposto em cima da mesa as questões que nos levam a reconhecer-nos no que somos: na relação com o tempo, na dependência dos outros, no enfrentamento da mortalidade. A humanidade — quer dizer, a humanidade que se pode dar a esses luxos — teria entrado num desses retiros meditativos cujo propósito é a redescoberta de si mesmo. A pandemia seria, para citar o pastor de serviço por bandas lusas, "uma oportunidade para nos reencontrarmos".[17]

É verdade que algumas reflexões sobre a condição humana, ligando-a ao sentido da comunidade, apostam na politização do debate, não estando, nesse aspecto, distantes das hipóteses de Žižek ou Butler. É o caso das reflexões de Jean-Luc Nancy, para quem o vírus "nos coloca em pé de igualdade e nos assemelha na necessidade de enfrentá-lo juntos", podendo ajudar-nos a penetrar "na natureza da nossa comunidade",[18] ou de Tomás Maia, que insiste em que a pandemia revela não só a nossa condição mortal mas também a privatização das condições da nossa vida em comum, desde o ar que respiramos aos cuidados de saúde que requeremos, pondo a nu "a falência ética e sanitária de um sistema económico-financeiro — o capitalismo — que só pode tratar a saúde (também a saúde) como uma mercadoria e, em todos os sentidos da palavra, uma *salvação* privada".[19]

O problema destas estratégias argumentativas é que a remissão para o sentido da comunidade que o reconhecimento da nossa condição mortal comum implicaria, embora fortaleça o argumento político no plano normativo, enfraquece-o no plano descritivo. Importa, desde logo, reconhecer o óbvio: que o desdobramento inicial da pandemia trouxe à tona algo em que Roberto Esposito vem insistindo: no contexto da modernidade, a consciência *comunitária*

---

[17] MENDONÇA, José Tolentino. "Redescobrir o poder da esperança", *Expresso*, mar. 2020.
[18] NANCY, Jean-Luc. "Comunovírus", *Pensar o Tempo*, abr. 2020.
[19] MAIA, Tomás. "O comum dos mortais (pensar a quarentena mundial)", *Dobra*, Desdobramento pandemia, 2020, p. 7.

é inseparável de uma concepção *imunitária* da vida social (Esposito, 2002). Não fica bem ao pastor de almas e ao promotor de ideais reconhecê-lo, mas saltou à vista que o cimento da comunidade moderna — que o Estado, teorizado por Hobbes no século XVII, é instado pela multidão do século XXI a produzir sem interrupção — é o saber-se imune ao outro. Além disso, não há como ignorar, como Paul B. Preciado assinalou, que caminhamos "de uma sociedade orgânica a uma sociedade digital, duma economia industrial a uma economia imaterial"[20] ou, como José Gil reconheceu, que a pandemia surge como "agente mediador" entre dois tipos de sociedade e de subjectividade, acelerando a "passagem de uma fase histórica do capitalismo (o capitalismo industrial-financeiro) [...] para uma outra fase em que se procuram os ajustamentos necessários entre as exigências económicas e as subjectividades que, em todos os domínios, do teletrabalho às práticas de lazer, lhes correspondam adequadamente" (Gil, 2020, p. 105 ss.). Surgem, pois, novas formas de subjectividade.

Em suma, a politização do debate sobre as consequências existenciais e comportamentais, logo também éticas e políticas, da pandemia deve dar-se, não denegando as transformações que afectam a condição humana, mas combatendo no interior da tempestade que elas constituem. É a ética do *homo digitalis* que importa politizar. Opor o "dever ser" de um recuo a um modo de vida "mais orgânico" ou "menos virtual" anterior à revolução digital é tão absurdo hoje como era, nos tempos de Marx, opor o "dever ser" de um recuo a um modo de vida "mais natural" ou "menos alienado"

---

[20] PRECIADO, Paul B. "Aprendendo com o vírus", *Punkto*, 9 abr. 2020.

anterior à revolução industrial. O desafio que se nos coloca, delineou-o com precisão Paul B. Preciado:

> Como o vírus sofre mutação, se queremos resistir à submissão, também devemos sofrer mutações.
>
> É necessário passar de uma mutação forçada para uma mutação deliberada. Devemos reapropriar-nos criticamente das técnicas biopolíticas e de seus dispositivos farmacopornográficos. Antes de tudo, é imperativo mudar a relação de nossos corpos com as máquinas de biovigilância e biocontrole: elas não são apenas dispositivos de comunicação. Temos que aprender coletivamente a alterá-las.[21]

7. EM MAIO DE 2021, ascendia a mais de três milhões o número de mortes declaradas, à escala mundial, por covid-19. É provável que, antes do fim da pandemia, se ultrapasse a barreira dos cinco milhões. Estes dados e estas previsões são indiscutivelmente preocupantes. Não obstante, podem e devem ser comparados com outros números. Segundo a Organização Mundial de Saúde, morreram, só em 2019, 52 milhões de pessoas de pobreza ou de doenças causadas pela pobreza. Há cerca de um século, logo depois da Primeira Guerra Mundial, a gripe espanhola vitimou cerca de 50 milhões de pessoas (entre 17 e 100 milhões de pessoas, segundo as estimativas mais optimistas e mais pessimistas).

Por que razão refiro estes números? Não se trata, como é óbvio, de desvalorizar a gravidade da doença. Trata-se, simplesmente, de tornar patente que, se esta pandemia está a abalar o mundo, não é por causa da letalidade do vírus, mas devido à percepção da sua ameaça, à sua capacidade de

---

[21] PRECIADO, Paul B. "Aprendendo com o vírus", *Punkto*, 9 abr. 2020.

propagação e às consequências das medidas tomadas para contê-lo. Se, por uma qualquer razão insondável, o mesmo Sars-CoV-2, ou um vírus bem mais letal, não tivesse chegado aos países mais desenvolvidos, mais ricos e mais privilegiados do mundo, estaríamos a falar, mesmo que o número de mortos fosse muito superior, de notícias desagradáveis e não de um acontecimento catastrófico. Só compreendendo isto poderemos cruzar de modo intempestivo as questões sobre o que esta pandemia tem de *revelador* e *transformador*.

A pandemia não revela apenas as desigualdades que atravessam o mundo. Mostra também o modo como naturalizámos essas desigualdades e evidencia a necessidade e a dificuldade de uma consciência global. Mas a pandemia revela ainda, considerando que as medidas tomadas não só não evitam os mortos que se multiplicam como também não previnem a crise económica e social que se avoluma, a gritante fragilidade da engrenagem sobre a qual o capitalismo global erige o seu castelo de cartas. Tudo está interligado: pessoas, mercadorias, informação, ideias e afectos. Esta interligação, fundamental à lógica capitalista, constitui o seu calcanhar de Aquiles.

A pandemia revela tudo isto. Contudo, antes de termos a oportunidade de tirar quaisquer conclusões teóricas ou de fazer quaisquer planos práticos, ela já está a transformar as nossas vidas. Sentimo-nos desorientados. A balança em que pesávamos normalidade e excepção perdeu o fiel. Desnorteou-se, de um modo inédito na história da humanidade — pois esta é a primeira catástrofe mundial da era digital — a noção do próximo e do distante. Daí a hipótese: a pandemia não é o acontecimento. O acontecimento, antes de uma qualquer revolução ou involução futuras, é a transformação dos modos de vida — assumindo a forma de uma torção dos sentidos que nos ligam ao mundo — que ela precipita.

Esta hipótese é talvez menos hiperbólica do que parece à partida. O vírus não mudou a humanidade. Tão-pouco revelou a sua essência. Não derrubou o capitalismo. Não salvou o planeta. Já o modo como entendemos e nos situamos no mundo conheceu um revés como há muito não se via. A pandemia não mudou *o que* somos mas *como* somos. O modo como vivemos, pensamos, desejamos, imaginamos e agimos está a sofrer uma metamorfose. É no meio e diante desta metamorfose que importa tomar posição.

III.

TOPOLOGIA IMAGINÁRIA

1. TORNOU-SE COMUM COMPARAR O IMPACTO da pandemia de covid-19 com um abalo dos alicerces de civilização mundial. O título escolhido por Slavoj Žižek para a colectânea de textos sobre a pandemia publicada logo em abril, *A pandemia que abalou o mundo*, é disso ilustrativo. Mas é-o também o modo como Byung-Chul Han adapta a "teoria do choque" de Naomi Klein ao seu pensamento. Numa sociedade do cansaço, caracterizada pelo excesso de positividade e virtualização, a ameaça de um vírus real — e já não de um vírus informático — representaria o retorno traumático do real em toda a sua negatividade e concretude.[22] Foi este real que subitamente se abateu sobre o mundo e sobre nós. Dir-se-ia, em termos metafóricos, que o abalo pandémico provocou a um só tempo um sismo e uma concussão.

Seduz-me a comparação do impacto da pandemia com uma lesão corporal. Arrisco, contudo, conduzi-la noutra direcção. Na quarentena global, por maior que fosse o isolamento, não deixámos de comunicar, de interagir, de amar, de trabalhar ou de estudar. Tivemos, porém, de fazer tudo isso por outros meios. Ao reorganizarmos os ritmos do corpo e as rotinas da mente, fixámos os olhos em ecrãs, inclinando o corpo para computadores, smartphones e tablets, entre

---

[22] "O coronavírus de hoje e o mundo de amanhã, segundo o filósofo Byung-Chul Han", *El País Brasil*, 22 mar. 2020. Ver também Han (2014).

outros dispositivos digitais. A lesão causada pela pandemia decorre tanto de um choque inesperado do real quanto da súbita necessidade de reajustar a postura do corpo. A urgência exigiu uma adaptação imediata. Além de uma concussão, sofremos um torcicolo.

Num primeiro momento, podemos pensar esse torcicolo como contractura dolorosa, como lesão causada por uma transição demasiado brusca entre aceleração e travagem. Porém, num segundo momento, e expandindo a metáfora, devemos investigar a hipótese de que este torcicolo conduza a um rearranjo das nossas faculdades, do qual não é impossível que surjam novas formas de flexibilidade imaginárias. Perdemos o norte da proximidade e o sul da distância. Sentimo-nos desorientados no espaço e no tempo. Cabe remapear os lugares em que existimos.

2. HOJE, E CADA VEZ MAIS DESDE QUE a pandemia abalou o planeta e os corpos, reconhecemos a revolução digital, à semelhança de como Karl Marx reconheceu a revolução industrial, como fonte daquela "iluminação universal em que todas as demais cores estão imersas e as modifica na sua particularidade" (Marx, 2011, p. 82). Se Herbert Blau, citando esta mesma passagem de Marx, defendeu que o cinema, tornado possível pela reprodução mecânica da imagem e do som, foi o "éter" do século XX (Blau, 1982, p. 121), podemos hoje reconhecer na remediação digital da realidade, que torna a sua representação maleável como nunca, o "éter" deste início de século XXI. É ele que "determina o peso específico de toda a existência que nele se manifesta" (Marx, 2011, p. 82). Tudo parece sujeito à sua influência, embriagado dela.

São muitas as inquietações que esta embriaguez suscita. Durante a quarentena, sentimo-las nervosamente à flor da pele. Que vida é esta que levamos confinados em casa, exilados do mundo? Estas aulas no Zoom, estes concertos no YouTube, estas conversas no WhatsApp — será que o são? Serão realmente aulas, concertos, conversas? Não serão meros simulacros — versões empobrecidas, adulteradas, inautênticas do que é o ensino e a aprendizagem, a prática artística e a experiência estética, a convivência humana?

Hoje, tendemos a amaldiçoar a distância. Convém, no entanto, evitar a falácia que consiste em supor um nexo entre o uso das tecnologias que permitem o "contacto à distância" e uma tomada de partido pelo distanciamento. Não faz sentido maldizer estas tecnologias tanto ou mais do que o vírus. E cabe não esquecer que os novos *media*, que permitem o convívio à distância, as aulas à distância, os concertos à distância visam também, em última análise, uma aproximação. Contêm, por outras palavras, uma "promessa de proximidade".

Podemos (e devemos) discutir que tipo de proximidade é essa. Podemos (e devemos) discutir quem lucra com essa promessa. Podemos (e devemos) discutir em que medida ela pode ser cumprida. Mas não podemos negar que essa promessa existe e que caracteriza estes novos *media*. Neste aspecto, a remediação digital é herdeira da reprodutibilidade técnica, que revolucionou a experiência moderna na transição entre os séculos XIX e XX.

3. ESTA "PROMESSA DE PROXIMIDADE" tem um sentido político ao qual Walter Benjamin, nas suas reflexões sobre a relação da tecnologia com a arte e a política, foi especialmente sensível. É esse o cerne do seu famoso — e nem sempre bem compreendido — ensaio "A obra de arte na época da sua reprodutibilidade técnica". O carácter positivo, tal como o apresenta neste estudo, da possibilidade da reprodução técnica é, justamente, a aproximação: a oportunidade de tornar as coisas, e em particular a obra de arte, mais próximas de nós. "'Aproximar de si' as coisas, espacial e humanamente", escreve o teórico alemão, "representa tanto um desejo apaixonado das massas do presente como a sua tendência para ultrapassar a existência única de cada situação através da recepção da sua reprodução" (Benjamin, 2017, p. 213). É este "desejo de aproximar de si" as coisas que explica a importância política do cinema e da fotografia, a par de tudo o que na arte decorre da possibilidade de reprodução técnica, nos tempos modernos.

No contexto daquele ensaio, o resultado da reprodutibilidade técnica, que ultrapassa a "existência única de cada situação", é a transformação de toda a verticalidade visível ou audível em horizontalidade táctil. Tal é a tradução sensorial do seu teor político. Esta reprodução fotográfica da *Mona Lisa*, cujo original, patente no Louvre, só posso contemplar a uma certa distância, posso tocar-lhe, recortá-la, justapô-la, numa colagem, a qualquer outra imagem. Aquele registo fonográfico, manuseio-o, interrompo a sua reprodução, retomo-a mais tarde. Nada é suficientemente distante ou inacessível ou altivo que não admita aproximação. O princípio da aproximação é a dinamite de todas as hierarquias — na experiência da arte, no ímpeto da sua recriação e sempre que arte e vida se cruzam.

Esta aproximação incidiu sobre objectos visíveis e audíveis, cuja existência se espraia e se desdobra no espaço e no tempo. Não é só do distante no espaço mas também do distante no tempo que as tecnologias de reprodução e remediação nos permitem aproximar-nos. O telefone tornou próxima a voz de quem estava longe. Em contrapartida, a fonografia, fixando o presente audível — tal como a fotografia fixava o presente visível — criou os traços no encalço dos quais os vindouros se viriam a aproximar do passado. Eis o que de tão óbvio nos passa amiúde despercebido: os registos fotográficos e fonográficos — a timidez aparente das peixeiras de New Haven, fotografadas por David Octavius Hill e Robert Adamson em meados do século XIX, a desenvoltura vocal de Gustave Eiffel, registada por um fonógrafo, no topo da torre que tem o seu nome, em 1891 — transformam-se, continuam a transformar-se a cada segundo que passa, em vestígios de um passado cada vez mais longínquo. Acenam de uma lonjura cada vez mais distante.

Em suma, em virtude das transformações tecnológicas na transição entre os séculos XIX e XX, nos termos em que no-las apresenta Benjamin, gera-se uma horizontalidade caleidoscópica em que colapsam as hierarquias não só entre o intocável e o manuseável, o elevado e o rasteiro, o sublime e o vulgar, mas também entre o efémero e o permanente, o que se perdeu do passado e o que se conserva para o futuro. O preço desta aproximação é a renúncia à experiência aqui e agora de algo único: o famigerado "declínio da aura". Vejo esta fotografia; ouço aquela gravação. Tenho uma experiência daquilo que nelas se vê e ouve reproduzido na justa medida em que prescindo da experiência original. Estão em causa meras cópias. Falta-lhes o que só o original possui: a autenticidade de um encontro aqui e agora com uma ocorrência ou um objecto singulares. Esta falta gera uma desconfiança que nunca desapareceu por completo e que hoje retorna, sobrevive e recrudesce na inquietação com a experiência remediada.

4. ASSUSTAMO-NOS COMO O NARRADOR de *Em busca do tempo perdido*, quando, ao telefone com a avó, pressente a sua morte iminente. Ouve, próxima, a sua voz. Mas é uma voz desvinculada do corpo, espectral, prestes a desintegrar-se no tempo — "um fantasma tão impalpável como o que voltaria porventura para me visitar quando a minha avó estivesse morta" (Proust, 2003, p. 136). Apressa-se, então, a regressar a sua casa. E, à porta do salão em que a encontra absorta sobre um livro, sobressalta-se uma vez mais. Pois a avó, antes de se aperceber da sua presença, aparece-lhe, por instantes, como numa fotografia. Sobrevém o mesmo fantasma. Ora, tal como o narrador proustiano se precipita para a casa da avó e se acerca dela na ânsia de confirmar que está viva, também nós ansiamos por uma experiência — uma experiência inequivocamente real — que nos garanta que o estamos.

Seria inútil ignorar as diferenças entre experiência presencial e experiência remediada. Tal como seria inútil menorizar as perdas que a passagem de um regime a outro implica. O ganho que consiste em contornar o distanciamento espacial por meios tecnológicos — e nisso as chamadas telefónicas de há um século não se distinguem das videochamadas de hoje — vai a par da perda de tudo aquilo que, incendiando-se na co-presença, transcende as dimensões do visível e do audível, envolvendo os sentidos do tacto, do olfacto e do paladar. No amor e na viagem, passando por tudo o que na vida e na arte implica o contacto e o entrelaçamento dos corpos, as perdas são imensas. Também a lógica do poder, a dinâmica da sedução, a eficácia do silenciamento são perturbadas.

O recurso a Benjamin — cuja investigação permanece pertinente se admitirmos a analogia entre reprodução mecânica e remediação digital — permite-nos complexificar o debate, sugerindo que a dialéctica entre vantagens e desvantagens não reflecte o contraste entre ganhos e perdas. Há perdas, segundo Benjamin, que constituem vantagens. É o caso do declínio da aura. Que a *perda* da autenticidade se traduza num *ganho* é o que Benjamin sugere em muitos dos seus textos: àquela perda corresponde um acréscimo de familiaridade com a obra de arte e um alargamento dos seus possíveis usos. Que esta intuição se possa aplicar à situação que vivemos hoje é algo que nem os estudiosos de Benjamin se têm manifestado capazes de supor ou dispostos a investigar.

Benjamin não ignora que a "proximidade" (humana) tornada possível pela reprodução técnica se distingue da "proximidade" (espacial) garantida pela co-presença. Acrescenta, porém, que essa co-presença, cujo paradigma é o confronto com uma representação religiosa numa igreja, produz as suas próprias formas de distanciamento. Neste sentido, os protocolos de visita a um museu — e todas as formas de garantir uma certa distância não só física mas também imaginária entre visitantes e obras de arte — são herdeiros do posicionamento distanciado perante objectos de culto. Dito de outro modo, há modalidades de proximidade espacial que não só não previnem como fomentam a distância humana e a hierarquização de relações entre pessoas e entre pessoas, objectos, símbolos e instituição. Ora, são essas formas de distanciamento — cujos pressupostos começam no "respeito" e terminam na "autoridade" — que a reprodução tecnológica perturba. É neste sentido que a perda de autenticidade pode constituir uma vantagem: com ela, colapsam também as formas de distanciamento e hierarquização que a presença garantia e que a reprodutibilidade técnica torna obsoletas ou inoperantes.

As formas de aproximação que surgem com a reprodutibilidade técnica — e que, gostaria de acrescentar, são igualmente incentivadas pela remediação digital — fazem crescer o "sentido da semelhança no mundo" [*der Sinn für das Gleichartige in der Welt*], de um modo que não podemos desvalorizar nas suas consequências políticas, desde logo porque este "semelhante" [*Gleichartige*] sugere a "igualdade" [*Gleichheit*]. Tal como, há um século, Benjamin contrasta o actor de cinema com o actor de teatro, assinalando que o primeiro deixa de poder exercer o seu poder sobre a assistência, na medida em que a câmara de filmar, que ele não pode deixar de enfrentar, o desarma do seu carisma, assim nós, por estes dias, podemos enquadrar os dilemas da docência à distância. Por um lado, eis o professor na sala de aula, de frente para a turma, abarcando num único relance de olhar todo o corpo discente, podendo levantar-se, aproximar-se, afastar-se, encenar-se e impor-se diante de uma assistência que, ao contrário de si, deve permanecer imóvel. Por outro lado, nos últimos tempos, ei-lo diante de um ecrã de computador, que dele requer uma compostura idêntica à dos alunos, os quais, por seu turno, se podem tornar inaudíveis e invisíveis e, caso sejam convocados a intervir, o farão em igualdade de circunstâncias audiovisuais no contexto daquilo que, em virtude do próprio dispositivo, constitui uma reunião entre iguais.

Mas este não é o único ponto em que algumas das ideias de Benjamin, e em particular o "sentido da semelhança", nos podem servir de guia. Há, na verdade, um outro aspecto, um aspecto subtil mas com implicações absolutamente decisivas no contexto da pandemia. O "sentido da semelhança", favorecido pela remediação digital, nisso herdeira da reprodução mecânica, não tem apenas que ver com uma aproximação que, encurtando a distância humana e contornando a distância espacial, abole a fronteira entre o acessível e o inacessível. Além de envolver uma promessa de *aproximação do distante*, a remediação digital contém também a promessa de uma *equalização das distâncias*. Nunca, como hoje, sentimos tanto que as distâncias se assemelham.

Eis a peculiaridade do momento em que vivemos. Durante a quarentena, não houve alternativa à distância física — o narrador proustiano que há em nós não pôde dirigir-se à casa da avó. Em contrapartida, por força da inevitabilidade dessa distância, emergiu o sentimento de que todas as coisas distantes, independentemente da distância a que se encontrem, são *igualmente* susceptíveis de aproximação. Subitamente, aquele amigo com quem deixámos de conviver, porque se mudou para outra região do país, parece não estar nem mais longe nem mais perto do que aquela amiga que vive no nosso bairro. Subitamente, podemos assistir a uma conferência noutro continente com a mesma facilidade com que assistimos a uma conferência na nossa universidade. Subitamente, na decisão sobre assistir a um espectáculo em Chicago, Lisboa ou Tóquio, é o fuso horário, e não a distância geográfica, o critério mais relevante.

5. APESAR DE AS MEDIDAS TOMADAS para conter a propagação do vírus terem sobretudo afectado a nossa relação com o espaço, também a nossa relação com o tempo sofreu um abalo. Foram, certamente, as nossas saídas, as nossas caminhadas, as nossas visitas, as nossas viagens e os nossos encontros — tudo o que acontece quando saímos de casa — que foram suspensos. Ao mesmo tempo, o isolamento e a imobilidade geraram, como bem notou Peter Szendy, "uma polifonia interna, feita de temporalidades e de estratos de velocidades sobrepostas".[23]

A pandemia foi um acontecimento de travagem e aceleração. No plano social, este contraste traduz-se no facto de que houve quem tivesse de ficar em casa e quem tivesse de sair à rua — trabalhadores na área da saúde, dos serviços postais, estafetas. Curiosamente, imobilizar a sociedade exigiu a sua mobilização. Mas o enlace entre travagem

---

[23] SZENDY, Peter. "Les temps du virus", *AOC*, 24 abr. 2020.

e aceleração também se manifestou no plano individual. Paralelamente ao abrandamento do ritmo de saídas e entradas em casa, deu-se uma correria virtual: na reorganização do trabalho, da educação, do quotidiano, do lazer, do convívio. Permanecemos mobilizáveis e disponíveis, como diriam Maurizio Ferraris (2018) e Hartmut Rosa (2018). A azáfama continuou — se é que, em certos casos, não se acentuou — no isolamento. Mas esta azáfama tem como pano de fundo uma paragem. Ela assemelha-se ao movimento de uma roda que, quando um veículo derrapa e capota, continua a girar. Olhamo-la espantados. Ela é o mundo que gira à nossa volta e dentro de nós. E, contudo, não se move.

Esta travagem brusca convidou a outros movimentos de alma. Isolados em casa, tornámo-nos mais atentos às coisas que nos rodeiam — aos objectos que guardamos, que exibimos, que usamos, que nos servem, que nos amparam, que nos observam, que nos interpelam. "A revolução, se acontecer, será uma revolução doméstica", arriscou Emanuele Coccia, logo acrescentando que ela implicará um novo entendimento da casa, como um lugar onde "as coisas se tornam vivas e tornam a vida possível para nós".[24] Não se trata de fetichismo — de um apego a mercadorias cujo "valor de uso" se encontra sempre já subordinado ao "valor de troca" — mas de uma espécie de animismo. Os objectos domésticos falam connosco e de nós. Falam-nos de experiências e de sentimentos que tivemos: lembram-nos um "eu volvido" e um "eu vindouro", pois falam-nos de memórias do passado, entre as quais se incluem sempre projectos, planos ou sonhos de futuro. Isolados em casa, retidos no espaço, aventurámo-nos no tempo — não, porém, como o explorador

---

[24] COCCIA, Emanuele. "Reversing the New Global Monasticism", *Fall Semester*, 21 abr. 2020.

das Índias da subjectividade, mas como o *flâneur* distraído do palimpsesto de acontecimentos e episódios que somos.

6. FALÁMOS, A RESPEITO DO ABALO da nossa relação com o espaço, de uma aproximação do distante e de uma equalização das distâncias. O isolamento social e a remediação da experiência, privando-nos do contacto com o próximo, aproximam-nos do distante no espaço. Teríamos pensado e sentido as distâncias como equivalentes entre si. O amor do distante e o amor do próximo confundem-se. Surge a esperança de uma consciência global.

O que dizer em relação ao tempo? Desde logo, importa dizer que, ao contrário do "aqui", que serve de epicentro às distâncias no espaço, o "agora", que nos localiza no tempo, é ponto de chegada do passado e ponto de partida do futuro. Logo, o que entendemos por próximo e distante no tempo tem dois significados distintos, conforme o encararmos da perspectiva do tempo que passou ou do tempo que virá. A aproximação do distante no passado é uma arte de seguir vestígios: escavar ruínas, decifrar palimpsestos, estudar arquivos. A aproximação do distante no futuro diz respeito à previsão: é uma equação de anseios e temores e uma trama, que se dá também à escala pessoal, de utopias e distopias.

Por força da interrupção que o acontecimento pandémico constitui, algo como uma aproximação das distâncias entre si, quer passadas quer futuras, parece ter também ocorrido no tempo. No que toca ao passado, memórias recentes e recuadas pareceram-nos igualmente distantes. O "há poucos meses" e o "há muitos anos" remetem ambos para uma vida irremediavelmente passada. O mesmo se passa em relação ao futuro. São tantos os planos adiados que uma retoma plena da vida — e não uma nova normalidade — nos parece uma miragem. O "daqui a poucos meses" e o "daqui a muitos anos" tornaram-se igualmente incertos. As tecnologias de remediação confirmam e reforçam este sentimento. Elas proporcionaram um relance afectivo — ora nostálgico ora esperançoso — do que foi e do que será. Dir-se-ia que, pela primeira vez, olhámos com saudade para as fotografias e os vídeos, espalhados por redes sociais, que sempre nos pareceram registos de um eterno presente, tal como, também pela primeira vez, contemplámos como desejáveis, embora incertos, os planos de futuro cuja realização sempre nos parecera potencialmente iminente.

Tornou-se-nos claro, em tudo isto, um aprofundamento da distância que nos separa quer do passado quer do futuro. Em suma, a equalização das distâncias — que, no caso da nossa relação com o espaço, se saldava numa aproximação — traduz-se, no caso da nossa relação com o tempo, num distanciamento: o "ontem" e o "amanhã" parecem-nos tão longínquos como o "outrora" e o "vindouro". Se, no que toca ao "aqui" em que estamos, nos sentimos próximos de outros lugares, de outras gentes, de outras vidas e somos projectados para uma escala global, no que toca ao "agora" em que somos, sentimos a distância do passado e do futuro como sintoma da urgência do presente e somos precipitados neste instante. É agora: temos de mudar de vida.

7. É CÉLEBRE O PASSO do *Livro das passagens* no qual Walter Benjamin distingue entre vestígio e aura:

> O vestígio [*Spur*] é a aparição [*Erscheinung*] de uma proximidade [*Nähe*], por mais distante [*fern*] que esteja aquilo que a deixou [*hinterließ*]. A aura é a aparição [*Erscheinung*] de uma distância [*Ferne*], por mais próximo [*nah*] que esteja aquilo que a provoca [*hervorruft*]. Através do vestígio apoderamo-nos

da coisa; através da aura é ela que se apodera de nós. (Benjamin, 1991, p. 560)

A dificuldade em interpretar esta passagem decorre da oscilação entre um entendimento da relação entre "proximidade" e "distância" como algo que se percepciona ou algo que se imagina. Por um lado, quando utiliza as expressões "por mais distante" e "por mais próximo", Benjamin refere-se à percepção de objectos no espaço e no tempo. Por outro lado, quando se refere à "proximidade" e à "distância" que se manifestam nesses objectos (no vestígio e na aura), Benjamin desloca-se do plano da percepção para o plano da imaginação. O ponto de Benjamin é o seguinte: tal como o vestígio nos permite apropriar-nos de algo distante (uma presa, por exemplo, que está efectivamente distante no espaço, mas cujos vestígios, por ela deixados, nos incitam a imaginá-la próxima), a aura permite a algo próximo (uma obra de arte, por exemplo, que está efectivamente próxima no espaço, mas cuja aura, por ela provocada, nos incita a imaginá-la distante) apropriar-se de nós.

A dialéctica entre vestígio e aura é a trama do nosso tempo. Eis o desafio: seguir vestígios sem sucumbir à aura; caçar sem ser caçado; atingir sem ser atingido; capturar sem ser capturado. Hoje, contudo, aquilo que nos permite apropriar-nos do distante — seguindo os vestígios de um saber, de um sentir ou de um desejar distantes — é também aquilo que permite ao distante — a um outro distante cujas faces desconhecemos, mas cuja influência e sedução pressentimos — apropriar-se de nós. Pensemos na internet e nas redes sociais. Vamos em busca desta ou daquela experiência, deste ou daquele conteúdo, deste ou daquele encontro. Entusiasma-nos a aproximação do longínquo e a equalização das distâncias. Ora, a cada passo que damos, o pântano de zeros e uns que percorremos regista também a nossa trajectória. Ao seguirmos vestígios, deixamo-los por toda a parte. Eles traçam *um* perfil do que somos, unindo os pontos dos locais que frequentamos, das mercadorias que adquirimos, dos bens que consumimos, dos serviços que contratamos, dos gostos que manifestamos. Temos uma face. Somos reconhecíveis. Estamos expostos.

Seguir vestígios expõe-nos a armadilhas. Mas que a cautela não nos paralise. Não nos deixemos capturar — nem sequer pelo medo de sermos capturados. Avancemos, pois, sorrateiros, esquivos, obscuros, ágeis e audazes. Se o acontecimento pandémico desloca os lugares imaginários do próximo e do distante no espaço e no tempo, e se tal acontece por força das tecnologias através das quais atingimos e somos atingidos, alcançamos e somos alcançados, capturamos e somos capturados, então o desafio consiste numa arte da captura e da esquiva, numa dança entre verdade e ficção, num jogo de escondimento e metamorfose.

IV.

APOCALÍPTICOS E REMEDIADOS

1. PARA O INTELECTUAL APOCALÍPTICO, vivemos tempos de catástrofe. Os sinais de que caminhamos para o abismo — sinais que a pandemia evidenciou — acumulam-se. A barbárie e o obscurantismo crescem, as desigualdades acentuam-se, o tempo que teríamos para travar o descalabro ecológico do planeta escasseia. Deixamo-nos alienar, desligamo-nos do mundo, cedemos ao espectáculo; disponibilizamo-nos, mobilizamo-nos, exploramo-nos; imaginamos tudo excepto o fim do que nos empurra para o precipício, somos lenientes e colaboramos com o opressor e o vigilante, acolhemos a revolução digital com cegueira e ingenuidade. Perdemo-nos, em suma, do que somos e deixamo-nos capturar pelo que nos ameaça. Nas reflexões do apocalíptico, a inquietação com a alienação da condição humana — "perdemo-nos do que somos!" — e a preocupação com os perigos da revolução digital — "deixamo-nos capturar!" — não só se tocam como tendem a confundir-se. Ora, é justamente de distingui-las que aqui se trata. Só essa distinção nos permitirá recusar o catastrofismo do apocalíptico sem cair na leniência e na ingenuidade que ele justamente denuncia.

2. É PROVÁVEL QUE O TÍTULO DESTE CAPÍTULO provoque uma sensação de *déjà lu*. Ele evoca, com efeito, *Apocalípticos e integrados*, uma obra publicada por Umberto Eco em 1964. Neste livro, discerniu o filósofo italiano duas atitudes contrastantes perante a cultura de massas. De um lado, o intelectual apocalíptico, queixando-se da vulgarização da cultura, da superficialidade do gosto e da alienação das massas, males que atribui à crescente hegemonia da televisão, da publicidade e do consumismo. De outro lado, o intelectual integrado, vendo nos meios de comunicação de massa novas oportunidades para a difusão de conteúdos, para a comunicação entre agentes culturais, públicos e consumidores, piscando o olho à inovação e encolhendo os ombros perante as admoestações dos críticos. Hoje, em plena crise pandémica, a polémica — que não se dissipou desde então — acirrou-se. Nunca o apocalíptico teve tantas razões para se inquietar com a alienação que o integrado ignora ou finge ignorar.

A vida não anda fácil para o apocalíptico. Nos anos 1960, havia ainda a opção de ficar à margem, de percorrer o mesmo território do integrado, evitando as vias alienantes da integração, privilegiando certas experiências, produtos ou estilos de vida em detrimento de outros. Hoje, as bolsas de ar que lhe permitiam respirar livremente estão em vias de extinção. Em contexto de quarentena, esta escassez — de ar, de movimento, de vida — torna-se quase literal. A remediação da experiência afigura-se, até ao mais íntegro e consequente dos apocalípticos, incontornável. Recusá-la equivale, nas presentes circunstâncias, à auto-condenação à solidão, à surdez, ao mutismo.

Apetece sugerir que a remediação constitui um upgrade — uma espécie de versão 2.0 — da integração. Hoje, o integrado é duplamente remediado: no sentido em que a sua experiência é transposta para os *media* digitais e no sentido em que, como se costuma dizer, o que não tem remédio remediado está. O emprego desta expressão é-nos útil por dois motivos: porque, devido ao seu tom resignado, sela o parentesco entre remediação e integração e porque sublinha a dimensão de inevitabilidade. Integrado não pode deixar de ser alguém cuja vida, cujas palavras, cujos gestos são remediados. Ele pode pugnar, como faz o apocalíptico, contra a integração. Pode denunciar a instrumentalização da remediação pela integração. Pode esquivar-se a ela. Não pode, contudo, puxar-se pelos cabelos e ignorar que o terreno em que exerce a sua arte da esquiva é um terreno minado. Ou, melhor dito, é um terreno ensopado: mergulha no éter da remediação. Não será, decerto, por isso que a sua voz discordante deixará de se ouvir. Simplesmente, é contra o diapasão da remediação que desafina; é da sua balança que descamba; é a sua coloração que tinge.

É crucial esclarecer em que medida nos pode ser útil a alusão às personagens conceptuais do "apocalíptico" e do "integrado". Não me interessa apenas — nem sequer fundamentalmente — o argumento, que acabo de desdobrar, segundo o qual o apocalíptico, não podendo escapar à remediação, não deixa de ser integrado. Esse foi um dos argumentos esgrimidos por Eco, para quem o intelectual apocalíptico, refugiando-se numa torre de marfim, de onde contempla, impávido e sereno, os esgares da populaça, é cúmplice da integração que critica. Não só porque se consola e ilude com a miragem do super-homem distanciado, mas também porque se contradiz, recorrendo aos meios de comunicação de massa para expressar o seu protesto, de tal modo que, graceja Eco (2015, p. 30), "a integração, expulsa pela porta, reentra pela janela". É escusado dizer que o mesmo se poderia afirmar dos apocalípticos de hoje, em cujas páginas do Facebook e do Twitter os textos de Agamben, Han ou Latour são postados, comentados e partilhados.

Não é este o argumento — que é relativamente óbvio e não especialmente sagaz — que me interessa aqui elaborar.

Se recorro ao texto de Eco, e aproveito o contraste entre as atitudes do apocalíptico e do integrado, é porque ele me serve de pedra-de-toque para duas operações que se iluminam e fortalecem mutuamente. Por um lado, esboçar uma genealogia da atitude apocalíptica atenta ao lugar ocupado pela crítica à tecnologia no seu contexto (o que me parece decisivo para compreender a ambivalência das actuais críticas às tecnologias digitais). Por outro lado, insistir na dupla negação das atitudes do apocalíptico e do integrado (que é hoje o entusiasta acrítico dos novos *media*) no contexto actual. Ora, esta dupla negação, na medida em que toma em consideração aquela genealogia, assenta na ideia de que a recusa da ingenuidade e leniência do integrado não pode ceder ao conservadorismo e ao elitismo do apocalíptico no que toca à questão tecnológica.

3. É UM FACTO QUE AS TECNOLOGIAS DIGITAIS são um novo instrumento a serviço da integração, da manipulação e da exploração. Não é, pois, de espantar que, na encruzilhada entre os perigos da alienação cultural e do autoritarismo político, a atenção do intelectual apocalíptico se tenha voltado da indústria cultural, no centro da cultura de massas, para a revolução digital.

Importa, todavia, notar que não é de hoje nem dos anos 1960 — os tempos áureos da crítica à "indústria cultural" — a desconfiança apocalíptica na tecnologia. Eco esboça uma genealogia da atitude apocalíptica. Esta mostra, remontando aos debates entre Marx e Bauer, que a desconfiança na tecnologia — nomeadamente em tecnologias de reprodução em massa — se mistura, não poucas vezes, com uma atitude elitista, com um apego à distinção entre massificação popular e criação erudita, se não mesmo com um maniqueísmo na distinção entre a lucidez do intelectual reflexivo e a estupidez do homem massificado. Curiosamente, Eco antecipa, nestas passagens, algumas das ideias que Rancière hoje desenvolve de forma exemplar — facto que a polémica pós-moderna, da qual Eco é tido como interveniente, torna hoje obscuro, mas que importa salientar.

O que me interessa sublinhar na argumentação de Eco é muito simples: por mais que se exija a crítica à integração, não podemos subscrevê-la inteiramente. Não se trata de negar que a integração deva ser encarada com lucidez e espírito crítico. Eco chega a referir que "a função dos apocalípticos tem uma validade própria, ou seja, denunciar que a ideologia dos integrados é profundamente falsa e de má-fé" (Eco, 2015, p. 36). Trata-se, ao invés, de encontrar formas de esgrimir essa crítica sem erigir fronteiras entre alienação e autenticidade, entre a tecnologia que fomenta a primeira e a introspecção que garante a segunda ou, finalmente, entre a clareza e distinção da reflexão demorada e distanciada do intelectual e o formigamento caótico de estímulos, desejos e opiniões da populaça.

Daí a importância da dupla negação das atitudes do integrado e do apocalíptico: o desafio de reconhecer os perigos da integração, sem nos deixarmos cegar por um certo reaccionarismo que se insinua, quase sempre paulatinamente, no discurso apocalíptico. Só assim poderemos abraçar as preocupações de carácter político e ecológico que a revolução digital suscita — tudo aquilo em que o apocalíptico tem razão contra o integrado — sem nos juntarmos a um coro de lamentos pela alienação da condição humana ou pelo esquecimento de um ligamento originário ao mundo que a tecnologia viria comprometer.

4. AO LONGO DAS ÚLTIMAS DÉCADAS, e em crescendo de intensidade, Bernard Stiegler, Paul Virilio, Maurizio

Ferraris, Byung-Chul Han ou Naomi Klein dedicaram importantes estudos aos perigos da revolução digital. Os problemas que abordam, embora distintos, intersectam-se. Estão em causa o poder de manipulação do algoritmo, a administração dromológica do medo, a automobilização do sujeito, a transformação da biopolítica em psicopolítica, a ocultação e o aprofundamento das desigualdades geradas pelo sucesso galopante dos gigantes tecnológicos.

Neste contexto, é necessário reconhecer não só a importância destas pesquisas mas igualmente a amplitude do seu foco. Referi acima que a crítica à massificação da cultura se transformou em crítica à digitalização da cultura. Ora, é justo acrescentar que as preocupações dos apocalípticos dos nossos dias não se cingem à cultura. São de ordem ética, social, económica, política e ecológica. É verdade que a crítica da cultura de massas nunca foi apenas uma crítica do que se costuma qualificar, em sentido estrito, como cultura. Nas formas de reificação que denunciava, a cultura surgia entrelaçada com a política e a economia. Hoje, contudo, é a Zygmunt Bauman e não a György Lukács que importa fazer referência: é a liquidificação e não a reificação da experiência que está em causa. O alvo da crítica apocalíptica já não é somente a alienação cultural ou o controlo biopolítico, mas a condição de quem permanentemente se conecta, se expõe, se disponibiliza, se mobiliza, se explora e que, deixando-se arrastar nestes fluxos e refluxos, desvia o olhar da catástrofe ecológica iminente. Com efeito, é no âmbito da questão ambiental que o discurso apocalíptico é, indubitavelmente, mais legítimo e urgente.

Posto isto, e sublinhando a gravidade da crise ecológica, temos de acentuar um ponto que nem sempre é adequadamente destacado no discurso político-ecológico contemporâneo, a saber, que a tecnologia digital tem um papel decisivo a desempenhar no aligeiramento da pegada ecológica da humanidade. Não é possível conceber uma transformação radical das condições de mobilidade humana no contexto de dinâmicas de decrescimento — a menos que abdicássemos de uma consciência e de uma sensibilidade globais — sem um uso estratégico das tecnologias digitais.

Finalmente, os novos *media*, antes de serem causa de apatia, frustração e isolamento (pensemos nas redes sociais) ou instrumento de manipulação, vigilância e controlo (pensemos no acesso a *big data* por empresas e governos), oferecem também, dependendo dos usos que deles se faça, plataformas de alargamento de horizontes culturais e de emancipação pelo conhecimento. Não me refiro à informação imediatamente disponível, que é frequentemente lacunar, imprecisa ou incorrecta, mas ao património de fontes científicas, literárias e artísticas que hoje se encontra à distância de um download. Com efeito, graças ao fenómeno da pirataria digital, a internet dá hoje globalmente acesso àquilo que a Biblioteca de Alexandria proporcionava à escala local: um acervo potencialmente universal, onde quem quer que seja pode encontrar desde uma edição crítica das *Metamorfoses* de Ovídio ao último álbum dos Protomartyr.

Naturalmente, o reconhecimento deste potencial e destas vantagens não resolve os problemas diagnosticados por Byung-Chul Han, Naomi Klein ou Maurizio Ferraris. Mas cabe, justamente, perscrutar a complexidade dos fenómenos, impedindo que se insinue, no exame crítico da revolução digital, aquela inquietação lamentosa e exclamativa que referi no início: perdemo-nos do que somos!

5. É ESPANTOSA, COM EFEITO, a facilidade com que se escorrega de uma reflexão crítica sobre a vigilância digital, o controlo de dados ou a manipulação de algoritmos para inquietações ontológico-existenciais de cunho conservador. Em *No enxame*, recordando uma carta de Kafka, em que este deplora o facto de uma carta permitir pensar numa pessoa distante mas não abraçá-la ou beijá-la, o que a transforma numa espécie de espectro, Byung-Chul Han declara:

> Os espectros de Kafka, entretanto, inventaram também a internet, o Twitter, o Facebook, o smartphone, o correio electrónico e os Google Glass. Kafka diria que os espectros da nova geração — os espectros digitais — são ainda mais vorazes, descarados e ruidosos. De facto, os meios digitais não irão para lá das "forças humanas"? Não conduzirão a uma multiplicação de espectros vertiginosa e incontrolável? Não nos terão feito realmente esquecer a maneira de pensar num ser distante e a maneira de abordar um ser próximo? (Han, 2016, p. 68)

Na mesma linha, André Barata (2020, p. 75) refere que "a desmaterialização leva as nossas vidas para um mundo de imagens […] que já não são imagens de nada senão de si mesmas, que deixaram de ser uma representação da realidade para se substituírem à realidade — uma versão espectral, contida, empobrecida da realidade". Já durante a pandemia, Donatella Di Cesare (2020, p. 87 ss.) adverte que "o frente-a-frente marcado pela proximidade física do outro […] deu lugar à privação sensorial do próximo" e que "o 'distanciamento social' confina o corpo — contagiado, contagioso, contagiável — e remete-o para a virtualidade asséptica e estéril", concluindo que "o *medium* digital interpõe-se e, embora permita a comunicação, separa".

Dir-se-ia, perante esta "multiplicação de espectros vertiginosa e incontrolável", esta "desmaterialização [que] leva as nossas vidas para um mundo de imagens", esta "virtualidade asséptica e estéril", que um qualquer génio maligno nos capturou o corpo e o espírito. Em suma, misturando preocupações político-ecológicas com inquietações ontológico-existenciais, o apocalíptico desperdiça o seu ímpeto crítico numa espiral de temores: a desmaterialização da experiência, a virtualização das relações, a espectralização do outro, a perda do orgânico, o embotamento dos sentidos, o desligamento do mundo, a indiferença à terra.

6. IMPÕEM-SE, NESTE CONTEXTO, três observações. A primeira refere-se ao uso algo impreciso da noção de "desmaterialização" (e de outras que para ela remetem, como "virtualização" e "espectralização"). As tecnologias digitais assentam, realmente, numa numerização da imagem, do som ou do texto que os torna independentes de qualquer suporte material. É neste sentido que se pode falar em desmaterialização. Contudo, a desmaterialização desses *conteúdos* da experiência não implica a desmaterialização da *experiência* desses conteúdos. É da ordem da superstição supor que o som resultante da reprodução de um ficheiro mp3 é menos material e concreto ou mais virtual e espectral do que o som resultante da reprodução de um cd ou de um disco de vinil. O mesmo, como é óbvio, se aplica à experiência de escuta que lhes corresponde. A segunda e terceira observações dizem respectivamente respeito ao *lugar* que a remediação ocupa entre as nossas experiências e ao *tipo* de experiência que ela mesma constitui.

Quanto à segunda observação, comecemos pelo óbvio. O ecrã de um computador ou de um smartphone não é nem mais nem menos material do que a superfície de um espelho ou de um vidro. Quando utilizamos estes artefactos, é com os nossos olhos, ouvidos e dedos que interagimos com eles e percepcionamos os conteúdos que eles remedeiam, sendo que continuamos a sentir, a ver e a ouvir os objectos e as pessoas à nossa volta. Nada indica que o uso de tecnologias de remediação provoque um embotamento dos sentidos. Está por provar que um tablet seja necessariamente mais absorvente do que um livro. Se os videojogos viciam ou se redes sociais geram desinteresse por experiências de convivência presencial, tal não pode ser compreendido ou discutido com seriedade abstraindo das condições educacionais, sociais e culturais do seu uso. A remediação tecnológica ocupa *um* lugar entre as nossas experiências perceptivas e imaginativas, mas não toma *o* lugar delas. Nem quando nos isolámos, na quarentena global, isso aconteceu. E se é verdade que o uso de tecnologias de remediação se impôs no nosso quotidiano com uma intensidade e uma frequência inéditas, também o é que a nossa atenção ao mundo doméstico se viu igualmente aguçada.

É também fundamental — chegamos à terceira observação — recordar que tipo de experiência a remediação *não é*. A remediação de uma experiência — ou, para ser mais preciso, a remediação da experiência de uma determinada realidade ou objecto — *não é* a substituição dessa experiência. A remediação não cura uma falta: a distância física, a ausência corporal ou o isolamento psíquico são irremediáveis. No fundo, trata-se de *outra* experiência: de *outra* experiência da *mesma* realidade. E esta outra experiência é assumidamente parcial. Isto é, em regra, somente se reproduz as componentes visual e auditiva da realidade remediada. Quando assistimos a um espectáculo on-line ou comunicamos por videochamada, apenas vemos e ouvimos. Não cheiramos, não tocamos, não saboreamos aquilo que nos é dado ver e ouvir. *Vemos* o texto que lemos e a imagem que observamos. *Ouvimos* a música que escutamos ou o discurso que entendemos. *Vemos* e *ouvimos* a reportagem ou o concerto a que assistimos.

Podemos, contudo, imaginar uma tecnologia capaz de restituir os cinco sentidos em simultâneo. *Strange Days*, o filme de ficção científica, dirigido por Kathryn Bigelow em 1995, que serve de pedra-de-toque a Bolter e Grusin no início de *Remediation*, aposta justamente nessa ficção (Bolter & Grusin, 1999, p. 3-15). A tecnologia em torno da qual o filme gira permite a gravação multissensorial de toda e qualquer experiência: assistir a uma gravação é ver, ouvir, cheirar, tactear e saborear tal como viu, ouviu, cheirou, tacteou e saboreou a pessoa cuja experiência foi gravada. O que é curioso, contudo, é que mesmo o exemplo radical deste filme confirma que uma experiência remediada jamais substitui uma experiência plena. Pois, mesmo que fosse possível gravar e reproduzir uma experiência multissensorial, estaria ainda em causa a experiência de outra pessoa ocorrida no passado. Faltar-lhe-ia ainda a espontaneidade e a imprevisibilidade de uma experiência na primeira pessoa aqui e agora.

O primeiro episódio, intitulado "Striking Vipers", da quinta temporada de *Black Mirror* — saltamos de 1995 para 2018 — leva mais longe esta fantasia da remediação da experiência e cruza-a com a noção de realidade virtual. Desta vez, temos um jogo — um simulador de combate — que, numa versão recente, permite ao jogador *entrar* na realidade virtual incarnando um lutador ou uma lutadora. O simulador reproduz a sensação de dor a cada golpe, mas reproduz também — trata-se de um upgrade do jogo original em mais do que um sentido — a sensação de prazer, nomeadamente sexual. Tal como em *Strange Days*, a remediação do acto sexual desempenha um papel preponderante em "Striking Vipers". Contudo, cotejando os dois casos, há uma diferença crucial: desta vez, trata-se de remediar uma experiência sexual, já não de outra pessoa no passado, mas de si próprio nesse preciso momento. Os jogadores controlam os movimentos no mundo virtual e sentem os seus efeitos aqui e agora — ainda que este "aqui e agora" aconteça num mundo virtual, enquanto os seus corpos permanecem recostados, como que adormecidos, num sofá. Estaria então em causa, nesta ficção, uma remediação da experiência total no contexto da qual se daria a integral substituição de uma experiência real por um experiência virtual?

Parece que é assim, mas só até certo ponto. É um elemento decisivo na narrativa que me permite fazer esta ressalva. Acompanhamos, neste episódio de *Black Mirror*, um casal heterossexual (Danny e Theo) e um amigo solteiro de ambos (Karl). Os dois jogadores são os dois homens, amigos de longa data, que tudo leva a crer serem heterossexuais. Contudo, são eles que, assumindo os corpos de um homem (Lance) e de uma mulher (Roxette), se envolvem sexualmente no mundo virtual. Há uma cena decisiva em que se interrogam acerca da sua possível homossexualidade. Tê-la-iam escondido de si mesmos até então? A prova dos nove, tiram-na numa cena em que decidem beijar-se. Nada acontece. A excitação que se apodera deles no mundo virtual não tem correlato no mundo real. Por um lado, não há dúvida de que o prazer daqueles paraísos virtuais existe realmente para eles. Por outro lado, a sua realização no mundo virtual não corresponde à satisfação de um desejo que eles tivessem recalcado no mundo real. Por fim, nem neste caso poderíamos falar em remédio. Não porque a experiência dos corpos virtuais seja menos real do que a dos corpos físicos, mas porque a realidade virtual não vem suprir uma falta preexistente.

7. SOBREVÉM A PERGUNTA: há que combater a revolução digital em defesa da experiência humana — da sua materialidade, da sua concretude, da sua autenticidade? A esta pergunta, responde este livro com a convicção de fundo, nos antípodas do conservadorismo apocalíptico, de que o combate contra a tecnologia é a um só tempo injusto, perdido e equivocado.

Ele é injusto porque radica numa concepção redutora e parcial do papel da tecnologia na história da humanidade. Há que ser crítico da revolução digital, tal como há que ser crítico do desenvolvimento tecnológico e do progresso científico, mas esse espírito crítico não pode confundir-se com formas de superstição e tecnofobia nem deve ceder a um humanismo de cunho elitista e conservador. Além disso, um tal combate, mesmo que fosse justo, estaria perdido à partida. Estão sempre já lançados os dados da condição humana. E esta, como viu nitidamente Bernard Stiegler na trilogia *A técnica e o tempo*, é inseparável da tecnologia. Ora, isto conduz-nos a um ponto crucial. É que a combatividade do apocalíptico, embora se equivoque no alvo, tem razão de ser. Simplesmente, ela deve orientar-se não para uma rejeição genérica da tecnologia digital, mas para o discernimento dos seus usos, das suas potencialidades e dos seus perigos.

A tecnologia digital não está somente ao serviço da manipulação, não fomenta apenas o individualismo, não se limita a simular aproximações. Também cria oportunidades de esquiva e de captura emancipatórias, também gera elos comunitários, também quebra distanciamentos e hierarquias. Dizê-lo não diminui a preocupação a que o reconhecimento dos seus perigos conduz. Convida-nos apenas a aceitar o desafio que consiste em moldar uma condição em vias de se transformar ao invés de agitar no ar, como letras de lei ou palavras de ordem, as dicotomias entre "digital" e "analógico", "material" e "imaterial", "concreto" e "abstracto" ou "autêntico" e "inautêntico".

Hoje, ninguém escapa a ser, a um só tempo, apocalíptico *e* remediado. A situação em que nos encontramos atualmente é mais complexa do que a diagnosticada por Eco. Fomos empurrados pela pandemia para uma condição paradoxal: uma em que o "apocalíptico" *dentro de nós* não escapa à imaginação remediada e em que o "remediado" *dentro de nós* não escapa à consciência apocalíptica. Por um lado, a remediação filtra o modo como imaginamos a nossa existência no mundo. Por outro lado, é-nos impossível descartar as preocupações do apocalíptico. O combate é imanente.

V.

A TORÇÃO DOS SENTIDOS

Paulatinamente, sem que disso nos apercebamos, a pandemia e as medidas tomadas para contê-la estão a transformar as nossas vidas. Não me refiro às belas mascarilhas. Nem às restrições à mobilidade. Nem sequer às angústias com as vagas de contágio. Ou refiro-me a tudo isto, tomando-o pelo que é: um conjunto de epifenómenos. Pois o acontecimento — sobre o qual poderíamos dizer, recordando uma expressão de Nietzsche, que nos deixa atónitos, a contar "as doze badaladas vibrantes daquela nossa vivência, da nossa vida, do nosso *ser*" (Nietzsche, 2000, p. 8) — tem outra fundura: é um abalo dos alicerces que sustentam a imaginação do próximo e do distante que revolve o sentido de tudo o que sabemos, podemos e desejamos. É este revolvimento que designo por "torção dos sentidos". O acontecimento, por outras palavras, consiste no impacto crescente que o cruzamento entre isolamento profiláctico e uso exacerbado de tecnologias de remediação exerce sobre os sentidos que dão sentido à nossa existência no mundo.

São cinco os sentidos abordados neste ensaio: o amor, a viagem, o estudo, a comunidade e a arte. Dir-se-ia uma lista sem nexo, quase apetecendo compará-la com a taxinomia de animais, recolhida por Jorge Luis Borges numa "certa enciclopédia chinesa", que Foucault recorda à entrada de *As palavras e as coisas*. O que justifica a sua reunião? Como é óbvio, não se trata de sugerir que só estes sentidos conferem sentido à existência humana. O que justifica esta constelação, que não é nem pretende ser exaustiva, é o facto de todos eles dependerem, em virtude não só do *que* significam para nós mas também de *como* significam para nós, do reconhecimento do próximo e do distante e se configurarem como exercícios de aproximação e distanciamento.

Com efeito, o que é a viagem senão a experiência de percorrer distâncias no espaço demorando-se na proximidade de outros costumes e modos de vida? Ou o que é o amor senão a sempre imponderável boa distância que gera uma atracção inelutável? E o estudo, não é o estudo uma forma tanto de se acercar do que se não sabe, conquistando terreno à ignorância, quanto de surpreender proximidades, testar afinidades, elaborar cruzamentos? Já a comunidade parece inconcebível sem a construção de elos de proximidade imaginários. Tal como a arte se afigura inseparável de um exercício de elaboração e decifração do enigmático, que mais não é do que aproximação ao ininterpretável, ao irreconhecível e ao inassimilável.

Não é possível diagnosticar a torção dos sentidos sem redesenhar os paralelos e os meridianos do próximo e do distante que o abalo da pandemia deslocou. E sem reconsiderar os movimentos de aproximação e distanciamento que a revolução digital torna viáveis ou obsoletos. Ou sem tomar o pulso às novas formas de solidão, empatia, fuga, esquecimento, prazer ou habitação que ela gera. Contudo, não se trata apenas de fazer um diagnóstico. Trata-se também de assumir posição — quer diante do acontecimento quer diante das preocupações e das inquietações que ele suscita. Daí a importância da distinção, que tentei esboçar no capítulo anterior, entre as preocupações político-ecológicas e as inquietações ontológico-existenciais do discurso apocalíptico contemporâneo. Só elaborando esta distinção de forma clara, e declinando-a caso a caso, poderemos escapar ao catastrofismo apocalíptico — e às tentações de elitismo, conservadorismo e tecnofobia a que ele amiúde cede — sem cairmos nas armadilhas da ingenuidade e do conformismo.

Importa, finalmente, sublinhar que o acontecimento se desdobra no amor, na viagem, no estudo, na comunidade e na arte de modos incrivelmente distintos. Desde logo porque o próprio significado dos movimentos de aproximação e distanciamento que lhes é constitutivo varia conforme oscilemos entre um registo mais literal (é o que geralmente acontece na viagem) ou metafórico (é o que geralmente acontece no estudo). As estratégias adoptadas na discussão de cada um destes sentidos serão, portanto, igualmente distintas. Elas vão desde a desconstrução de falsos problemas ao reconhecimento de perigos, passando pela exploração de possibilidades, pela desmontagem de armadilhas, por pesquisas farmacológicas e por exercícios de esquiva.

O que se segue — importa sublinhar — é mais um labirinto de notas do que um percurso sistemático. O seu propósito não é de todo cobrir de modo exaustivo os âmbitos abordados mas sugerir algumas — precárias, genuinamente indecisas — pistas de reflexão.

Amor

A pandemia — eis os dois cenários mais comuns — ou distanciou ou aproximou os amantes. Àqueles que não moravam (ou decidiram não morar) juntos, distanciou-os. Àqueles que moravam (ou decidiram morar) juntos, aproximou-os. Num caso, o confinamento dificultou ou impossibilitou o seu encontro. Noutro caso, obrigou a uma coabitação sem tréguas. Circularam brincadeiras a propósito do segundo cenário: as que predisseram nascimentos daí a nove meses e as que predisseram divórcios logo que a quarentena terminasse. O confinamento, em qualquer dos casos, foi imaginado e experienciado como um desafio para os amantes — quer para os que ficaram separados quer para os que ficaram juntos. Como gerir a distância e a proximidade excessivas? A pandemia, neste sentido, recorda-nos que o amor é uma arte da boa distância. Mas permite-nos também constatar — é o que gostaria de sugerir — que as "regras" de uma tal arte não estão definidas *a priori*.

O desafio que a pandemia lança aos amantes pode ser entendido — e foi-o amiúde — como um teste ou prova de amor. Caberia, então, aos amantes superá-la, nuns casos sobrevivendo ao excesso de proximidade, noutros casos ao excesso de distância. Só seria verdadeiro o amor que suportasse a coabitação ininterrupta. Só seria verdadeiro o amor que ultrapassasse a separação inapelável. Esta visão tem laivos de um moralismo suave cuja superficialidade interessa contornar. Ela pressupõe que já sabemos — que os amantes já sabem ou deviam saber — o que é o amor, como se não se tratasse sempre, como escreveu Rimbaud, de o reinventar. Ora, talvez a pandemia sugira isso mesmo. Talvez ela constitua um teste tanto para os amantes quanto para o amor. Talvez, por outras palavras, o desafio que a pandemia lance aos amantes não seja o de provarem o seu amor mas o de reinventarem a sua linguagem.

❯

Não há amor que se não ateie no corpo; que subsista sem a presença real ou imaginada dos corpos; que dispense a imaginação, consciente ou inconsciente, da corporalidade. Por esse motivo, entre todos os sentidos discutidos neste ensaio, o amor é o mais prejudicado pela distância física. É antes de mais o contacto entre os corpos que a distância impede, logo também a percepção e o prazer do toque. Lembrar isto, porém, é dizer pouco sobre o amor. E é ignorar que a proximidade — sem reverso — pode ser tão prejudicial como a distância. Tudo, no amor, se joga em lances de aproximação e distanciamento, que pressupõem mas não se esgotam na corporalidade. É assim nos rituais de sedução, no sexo, no companheirismo, na partilha, na escuta, na confiança e no projecto.

Ora juntos (lado a lado, frente a frente ou enlaçados) ora afastados (separados por paredes, ruas ou fronteiras) os amantes procuram sempre a boa distância: a distância que é vertigem antes de ser equilíbrio, a distância que é atrito antes de ser compatibilidade, a distância que é perigo antes de ser conforto. Esta arte da boa distância que é o amor, podendo e querendo libertar-se do senso comum e do bom senso, jamais se confunde com a boa gestão conjugal. Na verdade, ao mostrar que o amor é uma arte da aproximação e do distanciamento e ao lançar aos amantes o desafio da sua reinvenção, a pandemia abre — ou pode, pelo menos, abrir — uma discussão sobre a conjugalidade e um dos seus pressupostos menos discutidos: a coabitação.

Não deixa de ser curioso que a coabitação seja precisamente o que o liberal e o conservador não discutem quando discutem a coabitação dos amantes. Quer dizer, ambos a pressupõem, embora a encarem como mais ou menos legítima, em função de os amantes estarem ou não casados. Dir-se-ia que a coabitação é o destino natural dos amantes. Ora, não há nada de "natural" na coabitação dos amantes. Tal como não há nada de natural na opção pelo casamento, religioso ou civil. Tal como não há nada de natural numa certa orientação sexual. Tal como não há nada de natural na coincidência entre género e sexo. O que Paul B. Preciado escreveu acerca do dildo, que não se limita a representar o falo (Preciado, 2019, p. 58), poderíamos dizê-lo a respeito da casa: que o seu uso, no âmbito das práticas amorosas, não está determinado *a priori*. São ambos tecnologias, das quais não é possível anunciar uma "utilização natural" (Preciado, 2019, p. 114), alinhada com a função simbólica do "falo" e do "lar".

Os amantes em tempos de pandemia que a coabitação forçada aliena ou que o afastamento imposto frustra não tergiversaram — como suspeita o moralista — no seu amor. Em contrapartida, foi-lhes lançado um desafio — de perseverança *e* renovação — no contexto do qual a suposta naturalidade da coabitação se revela na sua contingência. Ora, o que esta contingência também torna patente é que o valor da coabitação dos amantes se decide sempre na singularidade de cada relação: ela não é um modelo que os amantes devam *nem* adoptar *nem* rejeitar *a priori*. Que a experiência da distância ou da proximidade forçadas conduza a uma tal tomada de consciência — de que a coabitação não é um pressuposto mas um factor na arte da boa distância que é o amor — não será a menor das suas virtudes.

O ser humano tem esta capacidade espantosa de se conceber ideais, que lhe permitem superar-se e fortalecer-se, dos quais, muitas vezes, acaba por se tornar escravo. Mas tem também essa outra capacidade espantosa de os questionar. Com o mesmo fulgor com que concebe ideais, pode agarrá-los por uma ponta e pô-los a rodopiar como os piões de *Inception* de Christopher Nolan. Olhá-los-á então em rodopio, e com surpresa verificará que não param de girar. É preciso pegar-lhes com doçura, sorrir-lhes e poisá-los um a um.

Os olhares não se cruzam no Skype. O facto de a câmara de filmar, representante do olhar alheio, se situar num ponto não coincidente com o dos olhos do interlocutor torna esse cruzamento impossível. Se um olha para o outro, o outro não o vê como se o olhasse. Tal só acontece se ele olhar para a câmara, o que significa que desviou o olhar do outro. Para Byung-Chul Han, este desencontro de olhares, que caracteriza as videochamadas por aplicações como o Skype, preludia a evanescência do outro (Han, 2016, p. 36 ss.). Só a co-presença permitiria a simetria de olhares. Só a co-presença permitiria um verdadeiro contacto com o outro. Só a co-presença permitiria a realidade do amor. Não há "relação virtual".

E, porém, também não há "relação sexual". Como escreveu Lacan, o gozo dos amantes isola-os. No acto sexual, a fantasia separa o que o prazer sexual parece reunir. Ou seja, nem quando a co-presença se dá de forma inequívoca, quando a proximidade dos corpos é mais imediata e intensa, a "relação" se consuma. Este paralelo entre a "não-relação virtual" e a "não-relação sexual" é pertinente porque nos convida a reconhecer o papel da imaginação nos inevitáveis encontros e desencontros dos amantes, quer no plano espiritual quer no plano físico.

Não estamos condenados à solidão. Simplesmente, nenhuma relação amorosa é sem imaginação — nem na máxima distância nem na máxima proximidade. Nem o amor, que se ateia e consome na corporalidade, tem na co-presença — em que os olhares se cruzam e os corpos se tocam — uma condição suficiente de consumação. Nem o amor escapa — ou, na verdade, talvez o amor seja o sentido que menos escapa — ao império da imaginação.

Viagem

Deleuze desconfiava da viagem. Na famosa entrevista em forma de abecedário que concedeu a Claire Parnet, di-lo expressamente. E elenca as razões da sua desconfiança. Não haveria verdadeira ruptura. Seria tolo, já Beckett dizia, viajar por prazer. Finalmente, como Proust sugeriu, viaja-se sempre com o fito de verificar algo. A viagem, em suma, trairia a diferença: seria uma falsa ruptura, uma falsa distracção, uma falsa descoberta. Será mesmo assim? Pressinto a hesitação na voz de Deleuze quando refere, bem no final das suas observações, as suas deambulações por Beirute. Prefiro duvidar. Quer dizer, prefiro o risco da promessa de diferença — traída tantas vezes mas nem por isso sempre — que toda a viagem constitui.

❯

Viajar é conhecer o mundo no contacto com ele. É aproximar-se do distante e deter-se nele. A experiência da viagem, como a do amor, é uma experiência multissensorial. A par da visão e da audição, o paladar, o olfacto e o tacto são constitutivos. Na verdade, é na viagem, no deslocamento do nosso corpo que ela implica, que se convoca de forma mais dinâmica o conjunto dos cinco sentidos.

Hoje, a viagem está sob ameaça. A pandemia tornou-a suspeita. O vírus também viaja. E fá-lo à boleia de viajantes. A circulação de pessoas tornou-se um problema. Durante a quarentena, deixou de ser possível, ou tornou-se pouco recomendável, viajar. Fecharam aeroportos, portos e estações. A recomendação quase universal foi: "fiquem em casa". As cidades esvaziaram-se. A sua paisagem visual e sonora alterou-se. Desapareceram, durante a quarentena, os habitantes e os turistas de Lisboa, de Paris, de Veneza. Também o turismo está sob ameaça. Contudo, a ameaça à viagem não se confunde — e urge impedir tal confusão — com a ameaça ao turismo.

Na verdade, a viagem já estava ameaçada antes da pandemia. E precisamente pelo turismo. Que o turismo — com fenómenos conexos como a gentrificação — ameace o morador local parece óbvio. Menos óbvio é que ele ameace igualmente o viajante. Ora, o viajante é a primeira vítima do turismo. A ruptura que toda a viagem promete nunca é fácil. Mas o turismo trabalha para torná-la *a priori* impossível. É do viajante que o turismo se apodera, impedindo-o de partir, de arriscar, de deambular. A ruptura, para o turista, não passa de uma miragem. Não é preciso pôr o pé numa agência. Basta pôr o dedo na internet, e logo o algoritmo se sai com o abracadabra de onde sai o cliché. Jogando com uma frase conhecida, o verdadeiro lema do turismo é "fique cá dentro lá fora".

O turista e o viajante não se confundem. É crucial distinguir o embuste turístico da experimentação viajante. Caso contrário, atropela-se a prerrogativa da viagem com a crítica do turismo. E uma crítica do turismo que não salvaguarde a prerrogativa da viagem é um convite ao sedentarismo e uma apologia da localidade: do nosso pequeno país, da nossa pequena cidade, da nossa pequena vida. Sendo que não há vida, nem cidade, nem país, independentemente das suas dimensões, que não seja minúsculo em comparação com o fora.

A crise do turismo — da indústria do turismo com as suas agências de viagem, companhias aéreas, redes de hotéis, guias, roteiros, parcerias, cruzeiros, reservas, excursões e promoções — não ameaça, enquanto tal, a viagem. Contudo, aquilo que hoje ameaça o turismo ameaça igualmente as condições materiais, logísticas e económicas sob as quais nos é possível viajar. Tal como distinguimos o viajante do turista, não confundamos a indiferença à crise do turismo com o desprezo pela viagem. Salvaguardar a prerrogativa da viagem é tanto mais importante quando sabemos que a crise climática nos aconselha a viajarmos menos. O desafio não é deixar de viajar, mas viajar menos e melhor.

❱

Durante a quarentena, houve quem viajasse pela internet. A ideia não é nova e, desde que o Google Street View surgiu em 2007, foram vários os fotógrafos que exploraram o seu potencial artístico. Com esta plataforma, surgiu a possibilidade do que poderíamos designar por metafotografia. Trata-se, por assim dizer, de fotografar o mundo fotografado, seleccionando, ampliando, cortando, editando e montando vistas, não do mundo tal como o encontra e decide capturar o fotógrafo, mas da sua reprodução fotográfica, realizada de forma automática e casuística pelas câmaras orbiculares, montadas no tejadilho de automóveis ou acopladas à mochila de viajantes pedestres, do Google.

Lembramo-nos do protagonista de *Blow Up*, de Antonioni. Convergem nele o espectador, o artista, o detective, o espião e o voyeur. A sua persistência exerce-se sobre o acaso (uma fotografia que sem querer testemunha um crime). No entanto, ao contrário de Thomas Hemmings, o metafotógrafo, abdicando da captura, não *tira*, apenas *retira*, fotografias. Ele é a um só tempo *quem vê* e *quem faz* a fotografia. Mas é-os num sentido peculiar: ele faz a fotografia que viu mais do que vê a fotografia que fez.

Como explicar o fascínio do metafotógrafo pelo mundo fotografado? Num dos projectos mais conhecidos do fotógrafo Michael Wolf, o móbil é a serialização de "acontecimentos infelizes" — acidentes, tropeços, incêndios. Para o artista e cineasta Jon Rafman, é a descoberta do inusitado, do insólito e do chocante. Para o fotógrafo Doug Rickard, é o testemunho do abandono na periferia das cidades. As motivações dos fotógrafos e das fotógrafas que recorrem ao Google Street View parecem intersectar-se, por um viés subversivo, com as polémicas que a própria plataforma suscitou: desde as relativas à privacidade dos indivíduos fotografados às que concernem aos seus possíveis usos predatórios e abusos oportunistas. Mas o uso fotográfico do Google Street View também se relaciona *negativamente* com a viagem. É o que sucede quando esse uso decorre da impossibilidade de viajar. Foi assim nos projectos metafotográficos "The Agoraphobic Traveller" (de Jacqui Kenny)[25] e "The Lonesome Traveler" (de David Cachopo),[26] no contexto dos quais a impossibilidade de viajar — num caso por causa de uma fobia, noutro caso por causa da pandemia de covid-19 — constituiu o ponto de partida.

O que este último projecto ("The Lonesome Traveler") torna patente — e que de algum modo justifica este pequeno excurso pelos usos fotográficos do Google Street View (que não é nem pretende ser uma análise da plataforma enquanto tal) — é o reconhecimento de que a viagem é *irremediável*. Por um lado, propõe-se a ficção de uma viagem de Lisboa a Vik (na Islândia) que se declara enquanto tal, enquanto ficção. Os vestígios do "como se" estão por todo o lado: na marca d'água do Google, no degradê nas margens superiores e inferiores das fotografias, na desfocagem de rostos e matrículas, nas assimetrias na justaposição das

---

[25] Disponível em: https://www.theagoraphobictraveller.com/.
[26] Disponível em: https://www.instagram.com/lonesometraveler-project/.

imagens e na própria câmara reflectida em superfícies espelhadas. Por outro lado, não podendo nem querendo simular uma viagem real, esta viagem ficcional do metafotógrafo aguça e transforma o desejo de viajar no sentido de uma abertura ao encontro inesperado com o outro.

O viajante que a metafotografia torna solitário descobre-se acompanhado. As pessoas que encontra nas fotografias que tira ou retira parecem providas de uma estranha vivacidade. Os seus gestos, embora paralisados, interpelam-no. Pressente-os cúmplices. Também eles se detêm na soleira das portas, investigam um mapa, se apressam nas passadeiras, hesitam nos cruzamentos, sofrem acidentes, escolhem atalhos. Emerge, ao cabo de tantas imagens, uma comunidade imaginária de viajantes. A viagem do metafotógrafo é mais e menos do que parece ser. Menos, porque não substitui a viagem que não houve; mais, porque anuncia a viagem que pode haver.

Estudo

Num texto intitulado "Réquiem para os estudantes", Agamben deplora o que considera ser o "fim do estudantado como forma de vida". O conjunto de práticas — não só a frequência de aulas e a participação em seminários mas também as formas de convivência e pesquisa colectivas — que marcou a vida universitária "por quase dez séculos [na sua forma moderna], agora termina para sempre". Para sublinhar o seu repúdio do que designa por "barbárie tecnológica", associando-a à "difusão sempre mais pervasiva da tecnologia digital", Agamben não tem pejo em declarar que "os professores que aceitam — como estão fazendo em massa — submeter-se à nova ditadura telemática e realizar os seus cursos somente on-line são o perfeito equivalente dos docentes universitários [italianos] que em 1931 juraram fidelidade ao regime fascista".[27]

Não deixa de ser curioso que Martin Heidegger — que, como se sabe, não só não se demarcou do regime nazi como aceitou a nomeação enquanto reitor da Universidade de Freiburg em 1933 — seja o filósofo de cujas ideias sobre a tecnologia, em particular a ideia de que ela constitui o "maior perigo", Agamben mais se aproxima neste texto. Ainda assim, o seu lamento emula um modelo mais antigo. Quando afirma que "estamos a viver o cancelamento da vida de cada experiência dos sentidos e a perda do olhar, duradouramente aprisionado num ecrã espectral", Agamben retoma as "inquietações farmacológicas" de Platão com a deterioração da memória e o entorpecimento do pensamento que a passagem da oralidade à escrita implicaria.

O que torna a analogia infeliz não é apenas a hipérbole: a comparação de um (presumível) "mal menor" com um (manifesto) "mal maior". O que torna a analogia infeliz — e, mais do que a analogia, a proclamação de uma perfeita equivalência entre o recurso a plataformas digitais para dar aulas no contexto de uma pandemia em 2020 e a conivência com os regimes fascista e nazi da década de 1930 — é a ilegitimidade da comparação: o pressuposto de que tecnologia constitui *a priori* um mal.

Este texto de Agamben constitui um exemplo crasso de como preocupações legítimas — com a dispersão e precarização da comunidade estudantil, com o possível aproveitamento do regime à distância por instituições universitárias — se podem misturar com elucubrações de cunho

---

[27] AGAMBEN, Giorgio. "Réquiem para os estudantes", IHU Unisinos, 25 mai. 2020.

nostálgico e conservador. Agamben emprega a expressão "barbárie tecnológica" como se de um juízo analítico se tratasse, como se entre barbárie e tecnologia se tecesse uma afinidade irresistível, como se não houvesse forma de tecnologia que não propiciasse, que mais não seja pelo "esquecimento" que favorece, alguma forma de barbárie. Por conseguinte, Agamben impede-nos igualmente de ponderar tudo aquilo em que a revolução digital constitui uma oportunidade para o estudo: das formas de acesso que proporciona às possibilidades de actualização e intervenção que gera.

❯

Já que falamos de estudantado, universidades e formas de vida, justifica-se um desvio pelo trabalho colaborativo de Fred Moten e Stefano Harney, reunido em *The Undercommons: Fugitive Planning & Black Study*. Dois dos eixos fundamentais deste livro são a sua crítica ao sistema universitário e a reelaboração do conceito de estudo. "Não pode ser negado que a universidade é um lugar de refúgio, e não pode ser aceite que a universidade é um lugar de esclarecimento" (Harney & Moten, 2013, p. 26). É verdade que a universidade acolhe o pensamento, incentiva a pesquisa, permite a divergência. E é igualmente verdade que, sob a pressão do capitalismo, encaixando-se na engrenagem da dívida e do crédito, o fito da universidade, aquilo que ela tem para oferecer — ou, cada vez mais, para vender — aos estudantes, não é a emancipação *pelo* pensamento, mas a profissionalização *do* pensamento — nomeadamente do pensamento crítico.

O desafio, defendem Moten e Harney, é o de se comportar na universidade de modo subversivo: estar *na* universidade sem ser *da* universidade. O intelectual que critica a universidade, como quem pretende restaurá-la ou reformá-la, cede à lógica do que pretende criticar. O que a universidade e o crítico da universidade têm em comum é o facto de negligenciarem o que se opera nos seus subterrâneos. É neles que desaparece — é neles que pode e deve desaparecer — o intelectual subversivo, nos *"subcomuns do esclarecimento,* onde o trabalho é feito, onde o trabalho é subvertido, onde a revolução ainda é negra, ainda é forte" (Harney & Moten, 2013, p. 26).

À negligência do intelectual crítico opõem Moten e Harney o estudo daqueles e daquelas que se juntam nos subcomuns do esclarecimento. Mas o estudo, como também explicitam, não se faz de actividades meramente "intelectuais". Mais do que convocar os néscios ou os distraídos ou os exaustos para o estudo, mais do que dar um cunho intelectual às suas actividades, trata-se de reconhecer o estudo que essas actividades já comportam e de fazer colapsar a própria dicotomia entre labor intelectual e labor não-intelectual. É a igualdade radical, não só dos estudantes — quando já colapsou a hierarquia entre mestre e discípulo — mas também dos temas de estudo, que caracteriza o labor nos subcomuns da universidade. Por fim, na esteira do reconhecimento deste colapso, tendo desaprendido estas distinções, trata-se de traçar planos de fuga e de descobrir que a fuga se dá — se pode e deve dar — aqui e agora.

Para Moten e Harney, o estudo, como forma de vida em comum, é o coração subterrâneo da universidade. É por isso que inunda, com a sua dinâmica centrífuga, as imediações da sala de aula: corredores, pátios, cafés. O estudo é feito de encontros, atritos e colisões entre pessoas, objectos, experiências, ideias e palavras. Constitui-o a alergia ao distanciamento e o gozo da aproximação. As metáforas do estudo são, por excelência, tácteis. Contudo, na justa medida em que são metáforas, estas colisões, estes atritos, estes encontros denotam experiências que não pressupõem necessariamente a co-presença no espaço e no tempo.

Numa entrevista recente, e em resposta a uma pergunta sobre o impacto da pandemia na sua colaboração, Harney e Moten retorquem que "quando estamos separados não estamos sós". As formas de estarem juntos, de permanecerem em contacto, de se encontrarem em sintonia transcendem a dicotomia entre presença e ausência.

> Quando estamos juntos, convivemos. Divertimo-nos. Quando estamos separados, escrevemos juntos. Nesse sentido, estes tempos não são assim tão diferentes. Também não são assim tão diferentes porque ambos convivemos e escrevemos e lutamos na emergência geral. Nessa emergência, as sirenes não param há quinhentos anos. Nessa emergência, refugias-te mas em conjunto. E não num lugar, mas em movimento. Não defendemos [no passado] as alegrias da sala de aula, como se estas fossem acessíveis a toda a gente e estivesse tudo bem, nem abdicámos da nossa responsabilidade de radicalizar esse espaço para o trabalho e o jogo; mas também não nos limitamos a aceitar os protocolos de aprendizagem à distância que nos são impostos nem os rejeitamos a partir da posição de moralismo hedonista comummente assumida pelos professores [...]. Estando em movimento e abrigados juntos, tentamos trabalhar com o que temos e com quem nos rodeia, contrariando esta nova imposição de escassez, mas fruindo a equalização que induziu.[28]

Eis o ponto crucial: contrariar a "imposição de escassez" e ao mesmo tempo reconhecer e aproveitar a "equalização

---

[28] "When we are apart we are not alone", *The College Hill Independent*, 1º maio 2020.

que induziu". Uma coisa não obsta à outra. Ao mencionarem o moralismo hedonista do professorado, Moten e Harney põem o dedo em que o lamento pela presença perdida se confunde por vezes com a angústia da autoridade erodida.

A 7 de julho de 2020 foi anunciado que as condições da permanência legal nos Estados Unidos de estudantes estrangeiros seria restringida àquelas e àqueles cujas aulas decorressem presencialmente — eis um exemplo, entre tantos outros que poderíamos citar, das ameaças que pesam sobre o estudantado. O "choque", como Naomi Klein previu, está a ser aproveitado não só para cortar verbas e para monetizar a ausência, mas também para dissuadir movimentos, para fechar fronteiras, para estigmatizar o estrangeiro. O capitalismo depende menos do movimento do que julgamos. Nada é tão estático que ele não procure e consiga tornar líquido. Entretanto, como recordam Harney e Moten, antes de a tecnologia permitir o chamado "ensino à distância", já "o capitalismo [era] distanciamento social".[29]

O estudo está para a universidade como a viagem está para o turismo. Refugiamo-nos na universidade por mor do estudo, tal como transigimos com o turismo por mor da viagem. O perigo não é nem o atrofio dos sentidos, nem o estiolamento da memória, nem o esquecimento do ser. Aquilo que importa proteger e lembrar, contra a ameaça do capitalismo, é a possibilidade de fuga, a necessidade de fuga, a paixão da fuga. Nunca como hoje se justificaria a união entre estudantes e viajantes sob o emblema da fuga ou, como lhe chamam Harney e Moten, da fugitividade — um dever para além do dever, como uma paixão.

---

[29] "When we are apart we are not alone", *The College Hill Independent*, 1º maio 2020.

Comunidade

A ideia de que a pandemia constitui "uma boa oportunidade" para transformar o mundo não convence Rancière. Não é claro, escreve, nem que a pandemia constitua o triunfo do biopoder ou preludie a ascensão de uma ditadura digital, nem que tenha fragilizado o sistema capitalista ao ponto de justificar as esperanças que muitos depositam num momento seguinte, aquele em que se poria termo às desigualdades e se mudaria de paradigma civilizacional. Rancière adverte que a esperança no "momento seguinte" constitui uma ilusão consoladora e complacente. O cerne desta ilusão consiste em anunciar uma transformação por vir e calar-se sobre "quem fará tudo o que for 'preciso' fazer para mudar tudo".[30]

O futuro, relembra Rancière, constrói-se com a dinâmica do presente. Ora, quando a pandemia terminar e os governos voltarem à sua dinâmica habitual, a questão manter-se-á a de saber que "forças [serão] capazes de ligar o combate contra as forças de exploração e dominação à invenção de um outro porvir".[31] Esta questão, embora decisiva, não é nova e, sublinha Rancière, o período de confinamento não é o mais indicado para resolvê-la. "Não é óbvio", remata, "que o confinamento nos tenha feito avançar muito nessa direcção [a invenção de um outro porvir]".[32] Deste ponto de vista, Rancière não discordaria de Badiou, para quem, por estes meses, não se vislumbra nada de novo sob o céu contemporâneo.

---

[30] RANCIÈRE, Jacques. "Uma boa oportunidade?", IHU Unisinos, 1º jun. 2020.
[31] *Idem.*
[32] *Idem.*

Rancière é exímio na desconstrução dos diagnósticos mais enfáticos sobre a pandemia, ora em sentido pessimista ora em sentido optimista, mas a sua análise parece descurar a mutação nas condições de formação dos sujeitos colectivos. Num passo anterior, Rancière refere que a pandemia, mais do que preludiar grandes transformações, serviu de pretexto aos Estados mais autoritários para ordenarem à polícia que limpe as ruas. O reverso do "fiquem em casa" é — importa não esquecer — o "saiam da rua". Esta observação é justa. Contudo, entre ela e a ideia de que a rua fosse hoje condição necessária e suficiente da transformação política vai a distância de um equívoco.

Rancière não o afirma nestes termos, mas a dúvida, em que insiste por diversas vezes, de que "o melhor momento para reflectir sobre um fenómeno mundial seja aquele em que nos encontramos isolados do mundo",[33] além de pressupor que o mundo termina à porta de casa, parece apontar para a esperança, que pode revelar-se enganadora e obsoleta nos tempos que correm, de que é na rua, principalmente na rua, que a transformação acontecerá.

❯

No monumental *Massa e poder*, Elias Canetti apresenta uma concepção da massa em cuja compreensão a dialéctica entre proximidade e distância desempenha um papel fundamental. A formação da massa dá-se com a inversão do receio de contacto. É na massa, e no alívio que ela provoca, que o indivíduo se liberta do receio de contacto, da ameaça de ataque que todo contacto constitui. No mesmo sentido,

---

[33] RANCIÈRE, Jacques. "Uma boa oportunidade?", IHU Unisinos, 1º jun. 2020.

ainda segundo Canetti, é também na massa que o indivíduo, em particular o indivíduo das sociedades modernas, se liberta do jugo das distâncias que o protegem e, ao mesmo tempo, o aprisionam.

> O homem situa-se num lugar determinado, seguro, e, com eficazes gestos jurídicos, afasta de si tudo quanto dele se acerca. [...] Toda a vida, tal como ele a conhece, está fundada em distâncias: a casa, em que ele se fecha à chave a si próprio e aos seus haveres, o emprego, que ele ocupa, a posição, a que ele aspira — tudo isso serve para criar *distâncias*, para as consolidar e ampliar. [...]
> A satisfação de se estar, na hierarquia, mais acima do que outros não compensa a perda de liberdade de movimentos. Nas suas distâncias, o ser humano entorpece e entristece. Vai carregado com esses fardos e não sai do mesmo sítio. [...]
> Só todos juntos se podem libertar dos fardos que são as suas distâncias. É precisamente isso que acontece na massa. Com a *descarga*, são suprimidas as separações, e todos se sentem *iguais*. [...] O alívio daí resultante é enorme. É por causa desse momento feliz, em que ninguém é *mais*, em que ninguém é melhor que outro, que os homens se tornam massa. (Canetti, 2014, p. 16 ss.)

Encontramos explícito neste trecho uma das características fundamentais da concepção de massa apresentada por Canetti: a igualdade — reconfortante apesar de temporária e, nessa medida, ilusória — dos indivíduos que a integram. No entendimento de Canetti, ao contrário do que defendem Gustave Le Bon ou Sigmund Freud, a massa não implica hierarquia e não pressupõe liderança. Daí que o exército e a igreja, utilizados por Freud como exemplos paradigmáticos de massa, ocupem um lugar secundário nas análises de Canetti. A massa surge repentinamente, cresce de modo desenfreado e declina tão rápido como se forma. Mesmo as massas na sua forma "fechada" — as religiões que domesticam as massas e as nações que as reificam — temem a massa na sua forma "aberta" e, por assim dizer, selvagem. Esta concepção da massa, sem liderança e sem orientação, formando-se espontaneamente, lança certa luz sobre a reacção inicial à pandemia.

Poder-se-ia dizer que o medo pandémico, considerando a escala planetária e a velocidade instantânea da sua manifestação, foi o primeiro fenómeno de massa verdadeiramente global. Não houve canto do planeta em que o alarme não tenha soado. Os optimistas falaram em solidariedade global. Na óptica dos pessimistas, esta mais não foi do que uma externalidade positiva. Foi o receio de não estar a salvo que motivou a comoção global, não a solidariedade. Em qualquer caso, na medida em que conceptualiza as condições da formação da massa, informe e desordenada, anterior à liderança, a um só tempo resistindo e convidando à manipulação do líder, o estudo de Canetti ainda nos interessa sobremaneira. Contudo, considerando que o ajuntamento da multidão se deu virtualmente, assoma a dúvida: poderemos ainda falar em massa? Poderemos ainda falar em massa quando se prescinde justamente do contacto? Que tipo de descarga pode aliviar agora a multidão?

Devemos a Byung-Chul Han uma tentativa de repensar a massa num mundo pós-digital. Se, nos tempos do *homo electronicus* de McLuhan, a multidão era convocada e interpelada por *media* de massa como a rádio e a televisão, cuja dinâmica informacional e comunicativa se caracterizava pela unidireccionalidade, nos tempos do *homo digitalis*, os novos *media*, começando pela internet, convidam a formas de comunicação e informação interactivas, logo multidireccionais, por força das quais a massa sofre uma metamorfose. Deixa de ser rebanho ou matilha. Como num conto de Kafka, a massa acorda transformada em enxame.

> As novas massas [*Menge*] são o enxame digital. Este manifesta propriedades que o distinguem radicalmente das formações clássicas dos muitos — das formações de massa.
>
> […] Falta ao enxame digital uma alma ou um espírito de massa. Os indivíduos que se reúnem num enxame digital não desenvolvem qualquer *nós*. Não há, no enxame, qualquer concordância que consolide a multidão numa massa que seja um sujeito de acção. […]
>
> O *homo digitalis* […] é tudo menos *ninguém*. Mantém a sua identidade privada, ainda quando se apresenta como parte do enxame. Se se manifesta, de facto, de modo anónimo, mantém geralmente um perfil, trabalhando sem parar na sua otimização. Longe de ser *ninguém*, é um *alguém penetrante*, que se expõe e solicita a atenção. (Han, 2016, p. 22 ss.)

O enxame é uma massa a um só tempo descarnada e desalmada. Já não segue *numa* direcção, já não fala a *uma* voz, já não desenvolve um "nós". É um conjunto de indivíduos que jamais deixam de o ser — cada um tem o seu perfil — no preciso momento em que se juntam, virtualmente, num enxame. O "alguém" que é o indivíduo já não pode tornar-se "ninguém". Está preso a si, ao seu perfil, ao seu projecto. É-lhe negada a descarga e o alívio a que correspondia a diluição na massa. Daí o seu ressentimento. O facto de se refugiar no anonimato e a tendência para, sob anonimato, se tornar virulento são manifestações desse ressentimento. Apesar de sombrias, estas reflexões sobre a metamorfose da massa em enxame não podem ser ignoradas no momento em que nos questionamos sobre a possibilidade da constituição de um nós, de um nós que pudesse, num mundo pós-digital, constituir-se como agente de mudança.

❱

Toda comunidade é imaginada. Ela só existe — só pode ser pensada, vivida ou sentida — se pessoas que não se conhecem, entre as quais não há laços pessoais de proximidade afectiva ou intelectual, a imaginarem. Eis a tese do historiador Benedict Anderson sobre o nacionalismo, cujo valor heurístico extravasa o âmbito das nações. Para Anderson, é um erro considerar que outras comunidades reais subjazem às comunidades nacionais imaginadas. *Toda comunidade é imaginada.* O que vale para a identidade nacional vale para as identidades de classe, género e raça. E vale também, portanto, para qualquer "nós" que se constitua como sujeito de mudança.

Hoje, à tese de Anderson de que *nenhuma comunidade pode não ser imaginada,* cabe acrescentar uma outra: que *nenhuma comunidade imaginada pode não ser remediada.* Toda comunidade, na justa medida em que é imaginada — quer dizer, na justa medida em que se forma em concomitância com imagens nas quais se cristalizam formas de pensar e de sentir comuns —, é igualmente remediada. Nenhuma imagem escapa à remediação. Nenhuma imagem escapa à condição digital. Logo, também nenhuma comunidade imaginada pode contornar os perigos dessa condição digital, que começam com o paradoxo do enxame: o isolamento do indivíduo no meio da multidão virtual.

O desafio continua a ser o da imaginação. Mas a rua, na qual a multidão se transforma em massa, deixa de ser o palco privilegiado da sua manifestação. A questão, obviamente, não é que a multidão já não saia à rua — como as manifestações anti-racistas que se seguiram ao assassínio do afro-americano George Floyd por um agente policial branco em Minneapolis comprovam. A questão é que mesmo a rua é remediada. A massa convoca de imediato o seu avatar. A manifestação prolonga-se on-line, no Facebook e no Twitter, onde quem esteve e quem não esteve presente na manifestação reage e comenta o acontecimento, prologando-o. A manifestação que a massa inicia é um nado-morto se o enxame não a prolongar.

Ao mesmo tempo, se a massa convoca o enxame, o enxame incita — ou pode incitar — a massa. Assim se explica que os protestos anti-racistas na esteira do assassínio de Floyd se tenham tornado globais com a celeridade e a veemência que se viu. As boas ideias — anti-racistas ou ecológicas — também se tornam virais. Posto isto, o meio em que a sua viralização acontece é demasiado escorregadio e maleável para que todo o cuidado não seja pouco.

❯

Nas suas *Confissões*, Rousseau relata um episódio curioso da sua vida: quando, chegado por via marítima a Génova, nos tempos de um surto de peste em Messina, foi confrontado com a alternativa de cumprir uma quarentena de catorze dias permanecendo na embarcação com todos os restantes tripulantes do navio ou instalando-se num edifício (*lazaretto*) sem qualquer mobília no qual permaneceria totalmente isolado. O filósofo optou pelo isolamento e relata com humor o modo como transformou as suas poucas bagagens e haveres num conjunto precário mas eficaz de cama, mesa e cadeira, que não o privavam de conforto e se conjugavam com a possibilidade de passear dentro do enorme casarão sem quaisquer restrições.

A propósito da pandemia de covid-19, Catherine Malabou retomou este passo das *Confissões*, centrando-se no dilema enfrentado por Rousseau. Também ela, comenta, optaria pelo isolamento. Mas sublinha que este é um duplo isolamento: uma quarentena dentro da quarentena.

> Há algo de talvez mais profundo nesta passagem [das *Confissões* de Rousseau], a saber, que a quarentena só é tolerável quando se faz quarentena dela [...]. O *lazaretto* representa essa quarentena redobrada que expressa a necessidade de Rousseau de se isolar do isolamento colectivo, de criar uma ilha (*insula*) dentro do isolamento. Talvez esse seja o desafio mais difícil numa situação de confinamento: libertar um espaço para estar por conta própria uma vez separado da comunidade. [...] Percebi que o que tornava o meu isolamento extremamente angustiante era de facto a minha incapacidade de me retirar para dentro de mim. [...] Não estou aqui a falar de autenticidade, mas tão-só dessa nudez radical da alma que permite construir um abrigo em sua própria casa, tornar a casa habitável localizando o espaço psíquico onde é possível *fazer* algo, isto é, no meu caso, escrever. Percebi que a escrita só se tornou possível quando cheguei a um confinamento dentro do confinamento, um lugar no lugar em que ninguém podia entrar e que ao mesmo tempo era a condição para as minhas interacções com outras pessoas. Quando consegui mergulhar na escrita, as conversas pelo Skype, por exemplo, tornaram-se outra coisa. Elas eram diálogos, não monólogos velados. Escrever tornou-se possível quando a solidão começou a proteger-me do isolamento.[34]

---

[34] MALABOU, Catherine. "To Quarantine from Quarantine: Rousseau, Robinson Crusoe, and 'I'", *Critical Inquiry*, v. 47, n. 52, 23 mar. 2020.

Estas observações de Malabou não são uma mera reformulação do que muitos, de Nancy a Žižek, repetiram: que a preocupação com outrem se manifestou, durante a quarentena mundial, no auto-isolamento. A intuição de Malabou é, a um só tempo, mais simples e mais subtil. A companhia forçada não é apenas inconveniente ou desaconselhável. Ela é também penosa, se não insuportável, na medida em que nos impede de encontrar um espaço físico e mental habitável sem o qual é impossível descobrir o sentido da comunidade. Será verdade que "a solidão não pode ser a origem da sociedade", mas não o é menos, termina Malabou, "que é necessário saber como encontrar a sociedade dentro de si para entender o que significa a política".[35]

Arte

A arte joga-se num confronto com o enigmático — com o que resiste à interpretação, ao reconhecimento, à assimilação. Embora o jogo de esquiva e captura que caracteriza a experiência estética extravase o domínio da percepção, ele não deixa de ser afectado pelo abalo das condições empíricas sob as quais têm lugar — e hoje deixaram de poder ter lugar certas — práticas artísticas.

As circunstâncias em que nos encontramos são bem conhecidas. Desde o início de 2020, as medidas de distanciamento social afectaram drasticamente as condições de produção e recepção artísticas. Obrigaram ao fecho e, posteriormente, à reabertura com restrições de museus, galerias, cinemas, centros culturais e salas de espectáculo. Não foi

---

[35] MALABOU, Catherine. "To Quarantine from Quarantine: Rousseau, Robinson Crusoe, and 'I'", *Critical Inquiry*, v. 47, n. 52, 23 mar. 2020.

apenas o acesso a estes locais por parte dos públicos que se viu condicionado. Várias actividades, tais como ensaios, filmagens ou reuniões, tiveram de ser canceladas ou adiadas. A crise afectou — continua a afectar — todas as artes. E ameaçou — continua a ameaçar — a sobrevivência de quem trabalha no sector. A situação é particularmente delicada no caso das artes do espectáculo. Não só porque a reunião de intérpretes e espectadores, no momento da apresentação pública, propicia a proximidade de um conjunto numeroso de pessoas mas também porque muitos destes espectáculos requerem ensaios frequentes.

    O recurso à internet não se fez esperar. Artistas, companhias e instituições disponibilizaram conteúdos on-line, quer gravações feitas *ad hoc* quer material de arquivo. Vingou, além disso, o fenómeno dos "directos". Plataformas como o Zoom tornaram-se particularmente populares, permitindo não só o contacto dos artistas com o público mas também dos artistas entre si: fizeram-se ensaios, deram-se concertos, organizaram-se conversas — tudo isto à distância. Este défice de presença conduziu, inevitavelmente, a inúmeras inquietações e perguntas. Há as que deploram a impossibilidade do contacto físico, sendo que esta, sobretudo na dança e no teatro, inviabiliza um conjunto apreciável de projectos. Mas há também as que, num tom que é menos de questionamento do que de ironia, se interrogam: será possível um concerto ou um ensaio — quer se trate de uma sinfonia de Gustav Mahler ou de um quarteto de cordas de Béla Bartók — sem a interacção *in loco* entre os músicos?

    Esta questão não é meramente técnica. Não diz apenas respeito à nitidez do som e da imagem ou à imediatez da sua transmissão numa plataforma como o Zoom. Em causa está o que entendemos por música, por teatro ou por dança e como concebemos a relação destas artes com as tecnologias de reprodução e remediação audiovisuais. Resumindo uma postura que não é incomum no âmbito das artes do espectáculo, o encenador Olivier Py declarou, numa entrevista recente, que "o teatro é comunhão" e "presença real, não apenas dos actores mas também dos espectadores", de tal sorte que a "união aquando de um concerto ou de uma representação teatral é da ordem do sagrado".[36] Se lhe retirarmos o aroma a incenso, a afirmação de Olivier Py mais não é do que uma reformulação da tese, formulada por Peggy Phelan ainda na década de 1990, segundo a qual "a actuação [*performance*] não pode ser salva [*saved*], gravada [*recorded*], documentada ou participar como quer que seja na circulação das representações de representações" (Phelan, 1993, p. 146). De facto, se pensarmos assim, a situação das artes do espectáculo no contexto da pandemia parecer-nos-á não só extremamente preocupante mas, pura e simplesmente, catastrófica.

❯

Eis-nos, pois, diante de mais um belo episódio no embate entre "apocalípticos" e "remediados". O esteta apocalíptico inquieta-se com o fim da arte, ou pelo menos de artes como a música, o teatro e a dança, pois entende que a essência destas se cumpre em serem interpretadas ao vivo diante de um público. Deste ponto de vista, um concerto ou um ensaio pelo Zoom é, na melhor das hipóteses, um contra-senso ou, na pior das hipóteses, uma aberração. O esteta remediado discorda, evidentemente. Se para o esteta apocalíptico nada pode ser bom se não cumprir o requisito da co-presença

---

[36] "Olivier Py: 'La liturgie du théâtre n'a aucune différence avec celle de la messe'", *La vie*, 29 jun. 2020.

entre artistas e público, para o esteta remediado nada pode ser mau se envolver algum tipo de mediação tecnológica. Assistimos, segundo o esteta remediado, não ao fim das artes, mas a um mero virar de página na sua história, que só um Velho do Restelo veria como consequência de um vendaval de proporções bíblicas.

Não é difícil perceber que o esteta apocalíptico peca por adoptar uma concepção naturalista da arte. Pressupõe, explícita ou implicitamente, um estado de natureza que a tecnologia viria desvirtuar. Ora, excluir a tecnologia da história das artes constitui um equívoco e conduz a contradições insolúveis. Veja-se o caso da música. Se excluíssemos os processos tecnológicos de captura, fixação e reprodução sonoras, teríamos de banir da música todas as experiências no contexto da música concreta e da música electrónica (que recorrem, respectivamente, a sons gravados e sintetizados). Pelas mesmas razões, a par das obras de Pierre Schaeffer ou de Karlheinz Stockhausen, para dar o exemplo de dois representantes daquelas duas correntes, também os trabalhos para pianola de Conlon Nancarrow teriam de ser sacrificados. Poderíamos louvá-los como engenhosos, mas teríamos, ao fim do dia, de deixá-los cordatamente à porta do conceito de música. O mesmo se aplicaria, por maioria de razão, a práticas mais recentes de *turntablism* e *sampling*.

Onde o esteta apocalíptico peca por naturalismo, peca o esteta remediado por ingenuidade. Ele faz vista grossa aos problemas reais que se abatem sobre o campo artístico, quer em termos de sobrevivência material e institucional dos seus agentes, devido ao bloqueio do circuito produção/recepção, quer no que toca às dinâmicas de colaboração presencial que lhe são inerentes. Com efeito, o facto de não podermos excluir a tecnologia da nossa compreensão das artes não significa que a sua intervenção seja imediata ou necessariamente pertinente de um ponto de vista artístico, nem que possamos encará-la como solução para todos os problemas. No contexto dos constrangimentos que hoje afectam as práticas artísticas, limitar-se a apelar à "capacidade de reinvenção" dos artistas, a pretexto de se mostrar favorável à tecnologia, equivaleria a reproduzir a retórica neoliberal da criatividade e da inovação, branqueando o facto de esta ter sido indevidamente importada do discurso das artes.

Não se trata de tomar partido entre apocalípticos e remediados. E também não se trata de alcançar um compromisso entre os dois. Na verdade, mais importante do que descrever a sua oposição explícita é surpreender a sua convergência implícita. Com efeito, quer um quer outro concebem a remediação como um remédio contra a distância. O apocalíptico queixa-se de que o remédio não cura a doença: por mais transparente que seja a remediação, falta-lhe a autenticidade da experiência original. O remediado riposta que o remédio apazigua os sintomas: antes uma reprodução da experiência original do que nenhuma experiência. Em suma, as suas conclusões divergem, mas o pressuposto em que assentam revela uma concordância de fundo: a suposição de que a remediação procura reproduzir o mais fielmente possível a experiência original, o charme da presença aqui e agora, a imprevisibilidade da experiência ao vivo, a autenticidade da comunhão entre intérpretes e audiência.

❯

Um passo da *Lógica do sentido* de Gilles Deleuze (1969, p. 292-306) pode ajudar-nos a esclarecer esta convergência inusitada entre defensores e opositores das virtudes curandeiras da remediação. Na esteira da crítica de Nietzsche a Platão, Deleuze argumenta que, ao contrário do que amiúde se pressupõe, o ponto decisivo da argumentação platónica é menos a distinção entre o mundo das Ideias e o mundo dos fenómenos do que a distinção, no plano dos fenómenos, entre boas e más cópias. Uma acção é proclamada justa. Sê-lo-á deveras? Que conceito de justiça, interroga-se Sócrates, a permite reconhecer, validar ou autorizar enquanto tal, enquanto justa? Eis o procedimento platónico, que consiste em acentuar a necessidade, concomitante com a hipótese de um "original", de decidir acerca da idoneidade e da pretensão das "cópias".

O que a análise deleuziana sugere é que esta validação que a comparação com o original permite à cópia é o reverso de uma escravidão. A boa cópia, a cópia fiel ao original, não é livre de se desviar daquilo que é — e que deve pretender ser —, a saber: imagem. E, enquanto imagem, nada é — e nada deve pretender ser — para além ou aquém daquilo de que é imagem. Pelo contrário, a cópia deve limitar-se a reproduzir o original sem deixar resto ou exibir lacuna. Tal é o mérito da imagem no qual Deleuze pressente a escravidão da boa cópia. Ora, a conclusão a que somos obrigados a chegar é esta: neste debate, apocalípticos e remediados são ainda platónicos, demasiado platónicos. Ao alçarem a identidade entre cópia e original a ideal, e ao discordarem apenas na apreciação da maior ou menor transparência do meio, reduzem o debate a um grotesco prós e contras a respeito do uso do Zoom.

O ponto que gostaria de sublinhar é simples: quer a credulidade do esteta remediado quer a descrença do esteta apocalíptico assentam numa visão bastante superficial acerca do potencial da relação entre arte e tecnologia. A verdadeira alternativa não é entre o acolhimento e a rejeição de novos *media*, mas entre usos mais e menos criativos, mais e menos ousados, mais e menos desviantes das tecnologias — incluindo as tecnologias de remediação — na prática das artes. Não é, na verdade, o menor dos perigos do impacto da pandemia no mundo das artes que, à boleia do espalhafato da polémica entre defensores e opositores do recurso ao digital, se tome a simples proliferação dos directos e a partilha de conteúdos por um verdadeiro aprofundamento do potencial artístico das tecnologias nas artes. Pois esta não se confunde, importa deixar claro, com uma "zoomização" ou "youtubização" das suas práticas e objectos.

É aqui — quando nos apercebemos de que a própria dicotomia entre apocalípticos e remediados não faz justiça ao potencial da relação entre arte e tecnologia — que o debate se pode tornar interessante. Pois é também aqui que, admitindo que se possa falar de uma torção do sentido da arte, que não se cinge ao embate entre "autenticidade" e "democratização", se torna claro que esta torção vai muito para além da esfera da recepção.

Ora, o que parece mera especulação teórica abstracta tem implicações práticas concretas em muitos âmbitos da criação artística, em especial no que toca à complexidade do fenómeno interpretativo: da interpretação musical à encenação teatral, passando pela remediação audiovisual de espectáculos músico-teatrais.

❯

A situação que se vive no campo da ópera — uma arte proverbialmente problemática, quase sempre improvável, à sua maneira escandalosa — permite-me explicitar algumas destas ideias. Por um lado, a ópera encontra-se entre as artes mais afectadas pela pandemia. A razão disto é óbvia: não obstante a sua reputação de elitismo, a ópera é uma arte colaborativa por excelência. Implica a reunião, e a colaboração estreita e frequente, não só de diferentes artes, mas também de diferentes pessoas com diversas competências e personalidades: libretistas, compositores/as, produtores/as, encenadores/as, directores/as de orquestra, cantores/as, instrumentistas, técnicos. Por outro lado, a ópera é também uma das artes que melhor — de forma mais célere e mais dinâmica — reagiu à crise. A explicação para este facto contraditório radica na história recente do género. Sendo comummente considerada impopular, declinante e obsoleta, a ópera tem apostado, ao longo das últimas décadas, num diálogo muito intenso com os novos *media*.

O caso da Metropolitan Opera de Nova York é paradigmático. A transmissão de récitas de ópera para salas de cinema por todo o mundo tornou-se um dos emblemas da companhia desde que Peter Gelb se tornou o seu director artístico, em 2007. Ora, com a pandemia, foi necessário cancelar não só as récitas ao vivo mas também as transmissões para salas de cinema. Tudo passou para o website da companhia. A série "The Met: Live in HD" cedeu o lugar às "Nightly Opera Streams" de produções mais ou menos recentes da companhia. Foi igualmente organizada uma gala ou, para ser mais preciso, uma "At-Home Gala", transmitida em directo a 25 de abril. Tendo o próprio Peter Gelb e Yannick Nézet-Séguin (que substitui James Levine enquanto director musical da companhia em 2018) como anfitriões, esta gala a um só tempo caseira e global incluiu directos de largas dezenas de cantores e cantoras em todo o mundo, mas incluiu também a partilha de vídeos criados em ambiente Zoom de peças, executadas à distância por elementos da orquestra e do coro da companhia, dirigidos por Yannick Nézet-Séguin, como o Prelúdio do Acto III de *Lohengrin*, de Wagner, ou o "Coro dos Escravos Hebreus" (o célebre "Va, pensiero") de *Nabucco*, de Verdi.

Digamos que Peter Gelb faz o que pode considerando o perfil da companhia de ópera que dirige. Ora, se me detenho no caso do Met, não é nem para o elogiar nem para o repreender, mas simplesmente para realçar o perigo de que o mérito destas iniciativas constitui o reverso. E qual é o mérito de iniciativas como as "Nightly Opera Streams" e a "At-Home Gala"? A meu ver, este consiste em encontrar o tal meio termo a que me referi acima: o Met aposta, de forma inequívoca e descomplexada, em tecnologias de remediação ao mesmo tempo que sublinha que a *real thing* acontece ao vivo. Esta postura não é em si mesma criticável dadas as circunstâncias.[37] Não pode, contudo, fazer-nos esquecer que o potencial da interacção entre ópera e tecnologia vai muito além de inovações deste tipo. Seria, com efeito, extraordinariamente empobrecedor julgarmos que o potencial da tecnologia se queda na retransmissão de récitas passadas ou na remediação de recitais privados em que a impossibilidade de ir ao teatro e a perda da presença são compensadas por um vislumbre dos aposentos do artista.

No final de uma mesa-redonda virtual, organizada no contexto da edição de 2020 do Festival de Aix-en-Provence, Pierre Audi escolheu a expressão *tabula rasa* como a que melhor caracterizaria o espírito do tempo no mundo das artes em geral e da ópera em particular. Como descrição do que foi o festival on-line este ano, a expressão pode parecer algo hiperbólica.[38] Contudo, ela dá o tom à tomada de

---

[37] No contexto de um debate mais amplo, caberia discernir em que medida esta atitude vanguardista no plano das estratégias de disseminação não camufla um certo conservadorismo no plano das opções de programação e das propostas dramatúrgicas.

[38] O que foi a "Scène numérique" que substituiu o festival presencial em 2020? Foram sobretudo quatro coisas: entrevistas com artistas participantes em produções de anos precedentes (de manhã), mesas-redondas em directo (ao início da tarde), concertos, também em directo, quer em Aix-en-Provence quer

consciência que pode e deve emergir desta crise: que o uso de tecnologias de remediação é inseparável do desafio de imaginar novas formas de experienciar, interpretar e criar. O que também quer dizer que, ao invés de culminar em estratégias de alargamento de públicos, a crise que presentemente atravessamos põe a nu a inseparabilidade entre inovação tecnológica *e* inventividade interpretativa e criadora.

Produções muito recentes, ainda que anteriores à pandemia, como as de *Tosca* de Puccini por Christophe Honoré no próprio Festival de Aix-en-Provence ou de *Tannhäuser* de Wagner por Tobias Kratzer no Festival de Bayreuth, ambas de 2019, ilustram bem como a questão tecnológica não se joga apenas, no que tem de mais desafiante, num alargamento dos públicos. Decerto, os factos de a produção de *Tosca* ter sido transmitida pelo canal Arte em 2019 (e disponibilizada gratuitamente no site do festival este ano) e de a estreia de *Tannhäuser* ter sido projectada no CCB em Lisboa não é irrelevante. Mas o debate permaneceria incompleto e empobrecido se nos detivéssemos nessa constatação e não nos apercebêssemos da incursão dos meios de remediação no próprio espectáculo ao vivo e do incrível alargamento da paleta de estratégias interpretativas que decorre da interpenetração, como lhe chama Philip Auslander, entre mediatização e *liveness* (Auslander, 2008).

São estas tecnologias — possibilitando a projecção de material de arquivo, pré-gravado ou captado em directo no momento da representação — que permitem tornar aquelas produções de *Tosca* e de *Tannhäuser* em reflexões sobre o próprio género operático. No caso de *Tosca*, isto acontece incidindo na figura da diva e salientando a violência, que

em Londres (ao final da tarde) e retransmissões de produções passadas (à noite).

é também a da instituição e a da tradição operáticas, que a rodeia e persegue. Daí a duplicação da personagem: além da soprano Angel Blue, que interpreta Floria Tosca vocalmente, vemos também em palco, interpretando teatralmente a "velha diva", Catherine Malfitano — a soprano italiana que interpretou o papel de Tosca na famigerada produção televisiva produzida por Andrea Andermann em 1992, da qual são projectados vários excertos, provocando uma fascinante dissolução de fronteiras entre presente e passado, palco e ecrã, realidade e ficção. No caso de *Tannhäuser*, algo de semelhante acontece através do paralelo sugerido entre o círculo de cantores de Wartburg e a estrutura do próprio Festival de Bayreuth, cujo esoterismo esta produção expõe e transgride no meio da ficção. Fá-lo não apenas com a inclusão de novas personagens (o anão e a drag queen), mas sobretudo com a sua circulação teatro adentro e teatro afora, que a combinação de filmagem em directo e material pré-gravado torna literal — isto é, imediatamente visível e audível para os espectadores, na medida em que as imagens das personagens nos bastidores e nos jardins do Festspielhaus são projectadas num ecrã no topo do palco.

❱

O encenador inglês Simon McBurney deveria ter encenado *Wozzeck* de Alban Berg no Festival de Aix-en-Provence em 2020. Tendo esta produção sido adiada para 2021, a organização do festival disponibilizou, durante o mês de maio, a gravação de um seu trabalho anterior com a companhia de teatro Complicité). Trata-se de *The Encounter*, um espectáculo teatral e multimédia estreado em Londres em 2015. Como McBurney refere, no depoimento introdutório que gravou já em quarentena e que antecede o vídeo do espectáculo propriamente dito, há uma inquietante afinidade entre *The Encounter* e os tempos que vivemos em 2020, em parte pelo tema abordado, no qual se entrelaçam isolamento individual e destino colectivo, em parte pela importância que as tecnologias audiovisuais assumem neste espectáculo, que convida os espectadores a embarcarem numa experiência individual, devendo usar auscultadores, no meio de um auditório em que se encontram rodeados de centenas de outras pessoas.

The Encounter conta uma história verídica. Ou melhor, conta, por meios teatrais, uma história verídica que já fora contada por meios literários: uma viagem ao coração da Amazónia feita por Loren McIntyre, o fotojornalista norte-americano, colaborador assíduo da *National Geographic*, que viria a descobrir e fotografar a nascente do Rio Amazonas na Cordilheira dos Andes no Peru em 1971, e que, numa expedição em 1969, tomou contacto e conviveu durante semanas com o povo Mayoruna. O relato desta experiência exorbitante, fê-la o fotógrafo, já em 1987, ao escritor romeno Petru Popescu, que nele baseou o seu livro *Amazon Beaming*, publicado em 1991. É nesta narrativa que se inspira *The Encounter* de McBurney. Já em 2014, o próprio encenador visitou a Amazónia, onde conversou com um grupo Mayoruna sobre o trabalho que tinha em mãos, tendo também conhecido Popescu, que lhe relatou as suas próprias impressões sobre McIntyre, falecido em 2003.

Para contar esta aventura em *The Encounter*, McBurney vale-se não só do seu talento como actor, mas também de um conjunto apreciável de tecnologias. A mais singular entre estas é a tecnologia binaural, que permite a gravação e reprodução de som em 3D, ou seja, sugerindo a localização da fonte sonora em torno do ouvinte, bem como a impressão de distância e proximidade. Esta tecnologia, contudo, é apenas a ponta de uma complexa engrenagem tecnológica em que coexistem sons e vozes produzidos ao vivo ou pré-gravados, efeitos sonoros gerados pela manipulação de diferentes microfones e o uso de electrónica em tempo real. Apesar do recurso a um ou outro efeito visual, como na cena do incêndio no acampamento indígena, este é, fundamentalmente, um espectáculo sonoro, onde a história é contada através de diversas vozes, sons, ruídos, um espectáculo cuja ilusão é ao mesmo tempo construída *sonoramente* e desconstruída *visualmente* (por exemplo, quando ouvimos o restolhar de folhas secas sob os pés de McIntyre e vemos McBurney agitar um caixote cheio de fita magnética de cassetes VHS).

Mas *The Encounter* é bem mais do que uma história contada à custa de uma série de efeitos sonoros especiais mais ou menos complexos ou engenhosos. É igualmente um jogo entre realidade e ficção, que McBurney coloca ao serviço de um questionamento, ora num plano existencial ora num plano civilizacional, sobre o tempo, o espaço e a comunidade. Este jogo afecta a própria "realidade" da "ficção" e imiscui esta naquela. Cruzam-se, dentro do espectáculo, os momentos em que McBurney "representa" McIntyre, a correr na floresta, a tirar fotografias, ofegante, tremente, delirante, e os momentos em que se "representa" a si mesmo meses antes, quando a filha, cuja voz gravada também ouvimos, interrompia as suas sessões de trabalho durante a noite, pedindo ao pai que lhe contasse mais uma história antes de adormecer. Além disso, nem da perspectiva de McIntyre — ou do que resta desta perspectiva após as mediações de Popescu, McBurney e, para quem lê estas linhas, as que eu próprio aqui introduzo — esta fronteira entre realidade e ficção é clara: a comunicação que se estabelece entre McIntyre e o chefe da aldeia dá-se sem palavras, por telepatia. Seria alucinação? Esta experiência de imersão na natureza, para a qual o fotógrafo partira equipado — não só com máquina fotográfica, roupa e mantimentos, mas também com conceitos e convicções — é também uma experiência de despojamento, de desnorte, de delírio.

Finalmente, a viagem de McIntyre dá-se não só no espaço mas também no tempo. A trama espácio-temporal enrodilha-se, quando os Mayoruna explicam a McIntyre que a sua viagem, a viagem daquela comunidade, se dá em direcção ao "início". Eles têm de fugir em busca do passado, cercados que estão pelo que os ameaça no presente: a civilização que aí vem. Eis como McBurney descreve o nó espácio-temporal da experiência de McIntyre com os Mayoruna:

> A principal característica do tempo, na sua definição ocidental, é a sua passagem. Mas, para os Mayoruna, segundo McIntyre conta a Popescu, o tempo é simultaneamente móvel e estático. Moveu-se com o homem, parou com ele, avançou e recuou com ele. Não é o juiz implacável, que condena o homem a uma vida tragicamente curta. O tempo é um abrigo, uma escapatória para a segurança e a regeneração, um repositório cuja função principal não é empilhar o passado, intacto mas morto, mas antes mantê-lo vivo e disponível. Ora, perante a intromissão violenta de colonizadores brancos nas suas terras, esse passado oferecia-lhes uma alternativa a esse presente ameaçado.
>
> Mas, como McIntyre descobriria, não eram apenas as suas noções de tempo mas também as de distância — e crucialmente a distância entre pessoas — que eram desafiadas, pois estas ideias eram-lhe comunicadas de um modo inusitado. Sem palavras. Num acto extraordinário de comunicação, o conceito de "si separado", tão precioso para o nosso sentido actual de identidade, está a tal ponto comprometido que se torna puramente ilusório para McIntyre. Um si, aquilo a que chamamos uma consciência individual, descobre ele, pode estar mais ligada a outra de modos que ele jamais

havia imaginado, modos para os quais somos cegos no "nosso mundo". Um mundo que, paradoxalmente, supostamente nos liga, através da tecnologia, mais do que em qualquer outra época da história.

"Vamos para o início", dizem-lhe, ou acredita ele que lhe dizem, pois esta frase é comunicada sem palavras.

"Qual início?" "O início. Vens connosco?" Não tendo como voltar ao acampamento ou contactar com quem quer que seja, McIntyre não pode senão seguir os seus "captores" nesta viagem ao "início". Ela conduz a um ritual que o levará a ele e aos seus companheiros a atravessar a barreira que os separa de um outro tempo. O tempo do "início", quando não havia nem pessoas brancas nem colonizadores; em busca do início do povo Mayoruna, para garantir a sua sobrevivência. O seu retorno desta experiência constitui o fim da história que estou a contar.[39]

Tal como McIntyre se viu capturado pelos Mayoruna, e logo compelido a segui-los nessa viagem ao início, também nós, espectadores cativos, seguimos McBurney na sua revisitação daquela. Qualquer uma das viagens é imaginada — a de McIntyre e a nossa. Mas a segunda, aquela que McBurney nos convida a fazer — ou nos obriga a fazer, numa plateia ou em casa, mal pomos os auriculares — conduz-nos à imaginação do contacto, do toque, da imersão na natureza por meio da mais densa tecnologia. Além de instigante e comovente, *The Encounter* acolhe um paradoxo curioso: conta-nos uma experiência de perda de si, de contacto espiritual e de imersão na natureza, e logo de absoluto despojamento de artefactos, num espectáculo saturado de meios tecnológicos,

---

[39] "The Encounter: Simon McBurney on the Amazonian voyage that exploded time", *The Guardian*, 11 fev. 2016.

apetrechado com todo o tipo de dispositivo e instrumento de reprodução e remediação audiovisual.

Este espectáculo lança-nos um convite: que nos deixemos capturar pelas perguntas que convoca. Como nos relacionamos com o remoto no tempo e no espaço? O que nos toca? Como afectamos e somos afectados? O que tememos? O que desejamos? O que buscamos? Porque fugimos? Aonde queremos chegar? Onde e como nos sentimos em casa? E com quem? Estas perguntas, não poderia tê-las feito McBurney, pois não poderia ter evocado as experiências que tornam essas perguntas incontornáveis, sem usar — com mestria, engenho e inteligência desviantes — um vasto conjunto de tecnologias.

Esta convergência entre a meditação sobre o nosso destino na terra e as contradições da nossa civilização, por um lado, e o uso da mais avançada tecnologia audiovisual, por outro, transforma este espectáculo num emblema de como o sentido da tecnologia e o sentido da ecologia podem dialogar. É no encalço de nós mesmos que seguimos — como quem busca e se deixa capturar pelo distante e o encontra dentro de si, desencontrando-se de si mesmo, reencontrando-se com o mundo. A questão que o uso destas tecnologias suscita em *The Encounter* não é a do perigo de nos perdermos do que somos, mas a da esperança — e, mais do que a esperança, a alegria expectante — de nos encontrarmos com o que podemos ser.

EPÍLOGO

O QUE FAREMOS DE NÓS DEPOIS DA PANDEMIA?

Recordemos uma pergunta feita à entrada deste livro: *que será feito de nós depois da pandemia?* Esta pergunta, percorrido este caminho, pode e deve exasperar-nos. O que significa e quando começa este "depois"? Não terá já começado, sendo indiscernível de um agora cada vez mais urgente? E, antes de mais, que "nós" é este a que nos referimos? Seremos "nós" a humanidade, já que a crise é global? Mas como pressupor um "nós" universal num mundo de sociedades estranguladas por desigualdades? Seremos "nós", enfim, os cidadãos e as cidadãs dos países ditos desenvolvidos — esses em que o uso de tecnologias digitais se exacerbou realmente? Seremos "nós", mais especificamente, os ocidentais ou os europeus? O que se esconde no sentimento de que já falhamos ao formular estas perguntas desta forma?

Ciente das dificuldades prenhes de incerteza que estas perguntas evidenciam, este livro prescinde de determinar *a priori* um "nós". Ao evocá-lo desde o início, pressupõe-no menos do que procura convidar à sua elaboração. Com efeito, a pergunta "o que será feito de nós depois da pandemia?" tem outro problema: supõe-nos passivos. É preciso substituí-la pela que dá o título a este epílogo: "o que faremos de nós depois da pandemia?". Se é imprescindível ultrapassar a dicotomia entre pessimismo e optimismo, é-o não apenas ao nível do diagnóstico. É-o também privilegiando uma certa tensão entre "interpretação" e "transformação" que atravesse a fronteira entre passividade e actividade. Importa, sobretudo, que uma fricção entre pessimismo e optimismo gere um curto-circuito que nos incite não só a encarar mas também a intervir no acontecimento.

Embora aborde mudanças radicais, este livro recusa ao mesmo tempo a narrativa das transformações miraculosas. A pandemia não mudou o ser humano — fosse este "bom selvagem" ou "lobo do homem". A pandemia não mudou as instituições em si mesmas, ainda que tenha obrigado a decisões inéditas. É questionável que contribua para a queda do capitalismo, pelo menos nos termos em que esse desenlace tem sido equacionado. Se há "optimismo" neste livro, ele é bem mais modesto. Consiste em levantar a questão sobre "o que faremos de nós", sublinhando que ela aponta para um "nós" que, mais do que pressuposto, pode e deve ser elaborado. Por outras palavras, "o que faremos de nós?" é também uma pergunta sobre que "nós" faremos, que "nós" desejamos elaborar, depois da pandemia. A resposta mais imediata — que reconheço imprecisa mas pressinto urgente — é simplesmente esta: o "nós" que desejamos, podemos e devemos elaborar é um "nós" o mais próximo do distante possível.

◆

Não há consciência e sensibilidade globais em abstracto. É preciso criar os laços, estabelecer os elos, construir as vias que as tornem concretas. É um equívoco político julgar que se pode construir uma consciência e sensibilidade globais a partir de experiências exclusivamente locais. Esse é o maior perigo do pensamento antiglobalista: transformar-se, a pretexto da crítica necessária ao capitalismo mundial, num universalismo provinciano, um conjunto de ideias justas que se discutem na sua língua com os seus conterrâneos na sua bolha do Facebook.

Este perigo é duplo. Não se trata apenas de aprisionar a experiência e o pensamento na esfera local ou nacional. Trata-se sobretudo de ceder o terreno imaginário onde medram os sentimentos de pertença, cuidado, esperança, entusiasmo e alegria à imaginação local ou nacional. Neste sentido, independentemente das ideias que defenda — e mesmo defendendo o universalismo mais rigoroso —, o antiglobalismo corre o risco de contribuir para o que pretende combater: o egoísmo nacional-capitalista.

O próprio pensamento ecológico depende dessa consciência e dessa sensibilidade globais. Evoca-se a hipótese de Gaia e sublinha-se que esta se salda numa inversão de perspectiva: do universo incondicionado ao planeta condicionado, superficial, atmosférico. O que se propõe é um recuo da abstracção do universo infinito para a concretude do planeta finito e da sua fina camada que nos abriga. Mas esta diminuição de escala (do universo ao planeta) no plano do que *sabemos* só surtirá efeito no plano do que *queremos* se for acompanhada por um aumento de escala (do nosso país ao planeta) no plano do que *amamos*.

O salto do eu para o nós — o salto do eu e do nós locais ou nacionais para um eu e um nós globais — não se fará apenas com convicções, mas com experiências de estudo, arte, viagem, amor e comunidade. Só essas experiências tornarão a consciência e a sensibilidade de um "nós" global concretas. Hoje, essa consciência e essa sensibilidade globais dependem *também* da tecnologia. Aqueles laços, elos e vias à escala planetária não emergirão a contramão da revolução digital. Daí a importância de uma aliança entre tecnologia e ecologia que uma visão crítica do digital pode e deve tornar imaginável e concretizável.

Dia após dia, a comoção global que emergiu no início da pandemia dá lugar à inércia e ao desgaste morais. Ganham terreno o ressentimento, a exasperação e o desespero. A pretexto da telenovela do número de infectados (consultada à escala do umbigo de cada país), ganha balanço a retórica do sentimento e da unidade nacionais. O recrudescimento alarmante do racismo e da xenofobia — por mais que estejam, e estão-no certamente, relacionados com contextos sociais e históricos nacionais específicos — têm também no enclausuramento da imaginação no perímetro da nação um factor coadjuvante. É o horror dos nacionalismos e não uma distopia tecnológica que devemos temer em primeiro lugar.

A tecnologia não remedeia: não substitui a presença do outro, o deslocamento na terra, a experiência multissensorial, a reunião de muitos, a vivência aqui e agora. Mas, num momento em que o próximo se fecha sobre si mesmo, ela mantém acesos o farol e o rastilho de uma experiência do distante. Devemos aos vindouros não permitir que eles se apaguem.

REFERÊNCIAS

ADORNO, Theodor W. *Negative Dialektik*. Frankfurt: Suhrkamp, 2003. [Ed. bras.: *Dialética negativa*. Rio de Janeiro: Zahar, 2009.]

AMADEO, Pablo (org.). *Sopa de Wuhan: pensamiento contemporáneo en tiempos de pandemias*. ASPO, 2020.

AUSLANDER, Philip. *Liveness: Performance in a Mediatized Culture*. London: Routledge, 2008.

BARATA, André. *O desligamento do mundo*. Lisboa: Documenta, 2020.

BENJAMIN, Walter. "A obra de arte na época da sua possibilidade de reprodução técnica", em *A modernidade*. Lisboa: Assírio & Alvim, 2017. [Ed. bras.: "A obra de arte na era de sua reprodutibilidade técnica", em *Obras escolhidas*, v. 1, Magia e técnica, arte e política: ensaios sobre literatura e história da cultura. São Paulo: Brasiliense, 1985.]

BENJAMIN, Walter. *Das Passagen-Werk, Gesammelte Schriften*, v. 5.1. Frankfurt: Suhrkamp, 1991. [Ed. bras.: *Passagens*. Belo Horizonte: Editora UFMG, 2018.]

BERARDI, Franco "Bifo". *The Second Coming*. Cambridge: Polity, 2019.

BLAU, Herbert. *Blooded Thought: Occasions of Theater*. Nova York: Performing Arts Journal Publications, 1982.

BOLTER, Jay David & GRUSIN, Richard. *Remediation: Understanding New Media*. Cambridge / Londres: The MIT Press, 1999.

CANETTI, Elias. *Massa e poder*. Amadora: Cavalo de Ferro, 2014. [Ed. bras.: *Massa e poder*. São Paulo: Companhia das Letras, 2019.]

DELEUZE, Gilles. "Platon et le simulacre", em *Logique du sens*. Paris: Minuit, 1969. [Ed. bras.: "Platão e o simulacro", em *Lógica do sentido*. São Paulo: Perspectiva / Edusp, 1974.]

DI CESARE, Donatella. *Vírus soberano? A asfixia capitalista*. Lisboa: Edições 70, 2020.

DUARTE, Pedro. *A pandemia e o exílio do mundo*. Rio de Janeiro: Bazar do Tempo, 2020.

ECO, Umberto. *Apocalípticos e integrados*. Lisboa: Relógio D'Água, 2015. [Ed. bras.: *Apocalípticos e integrados*. São Paulo: Perspectiva, 1993.]

ESPOSITO, Roberto. *Immunitas: protezione e negazione dela vita*. Turim: Einaudi, 2002.

FERRARIS, Maurizio. *Mobilização total*. Lisboa: Edições 70, 2018.

FISHER, Mark. *Capitalist Realism: Is There No Alternative?* Winchester: Zero Books, 2009. [Ed. bras.: *Realismo capitalista: é mais fácil imaginar o fim do mundo do que o fim do capitalismo?* São Paulo: Autonomia Literária, 2020.]

GIL, José. "A pandemia e o capitalismo numérico", em *O tempo indomado*. Lisboa: Relógio d'Água, 2020.

HAN, Byung-Chul. *A sociedade do cansaço*. Lisboa: Relógio D'Água, 2014. [Ed. bras.: *Sociedade do cansaço*. São Paulo: Vozes, 2015.]

HAN, Byung-Chul. *No enxame: reflexões sobre o digital*. Lisboa: Relógio D'Água, 2016. [Ed. bras.: *No enxame: perspectivas do digital*. São Paulo: Vozes, 2018.]

HARNEY, Stefano & MOTEN, Fred. *The Undercommons: Fugitive Planning & Black Study*. Wivenhoe: Nova York / Port Watson: Minor Compositions, 2013.

HURTADO, Jordi Carmona. "Compor com Gaia (em tempos de coronavírus)", *Cadernos de Leitura*, n. 103. Belo Horizonte: Chão da Feira, 2020.

KLEIN, Naomi. *A doutrina do choque: a ascensão do capitalismo do desastre*. Rio de Janeiro: Nova Fronteira, 2008.

MARX, Karl. *Grundrisse. Manuscritos econômicos de 1857-1858: esboços da crítica da economia política*. São Paulo: Boitempo, 2011.

NIETZSCHE, Friedrich. *Para a genealogia da moral*. Lisboa: Relógio D'Água, 2000. [Ed. bras.: *Genealogia da moral*. São Paulo: Companhia das Letras, 2019.]

PHELAN, Peggy. *Unmarked: The Politics of Performance*. London: Routledge, 1993.

PRECIADO, Paul B. *Manifesto Contra-Sexual*. Lisboa: Orfeu Negro, 2019. [Ed. bras.: *Manifesto contrassexual*. São Paulo: n-1 edições, 2014.]

proust, Marcel. *O lado de Guermantes*. Lisboa: Relógio D'Água, 2003. [Ed. bras.: *O caminho de Guermantes*. Rio de Janeiro: Biblioteca Azul, 2007.]

rosa, Hartmut. *Unverfügbarkeit*. Sealzburg: Residenz, 2018.

stengers, Isabelle. *No tempo das catástrofes*. São Paulo: Cosac Naify, 2015.

zižek, Slavoj. *A pandemia que abalou o mundo*. Lisboa: Relógio D'Água, 2020. [Ed. bras.: *Pandemia: covid-19 e a reinvenção do comunismo*. São Paulo: Boitempo, 2020.]

JOÃO PEDRO CACHOPO nasceu em Lisboa em 1983. É musicólogo e filósofo. Leciona na Faculdade de Ciências Sociais e Humanas da Universidade Nova de Lisboa, onde integra o Centro de Estudos de Sociologia e Estética Musical. É o autor de *Verdade e enigma: ensaio sobre o pensamento estético de Adorno* (Vendaval, 2013), que recebeu o Prêmio Primeira Obra do PEN Clube Português em 2014, e coeditou *Rancière and Music* (Edinburgh University Press, 2020), *Estética e política entre as artes* (Edições 70, 2017) e *Pensamento crítico contemporáneo* (Edições 70, 2014).

[cc] Editora Elefante, 2021

Primeira edição, agosto de 2021
São Paulo, Brasil

Esta edição brasileira manteve a
ortografia da edição portuguesa publicada
pelo selo Documenta em 2020.

Dados Internacionais de Catalogação na Publicação (CIP)
Angélica Ilacqua CRB-8/7057

Cachopo, João Pedro
    A torção dos sentidos: pandemia e remediação digital / João Pedro Cachopo; – São Paulo: Elefante, 2021
    148 p.

ISBN 978-65-87235-39-4

1. Filosofia 2. COVID-19 (doença) 3. Emoções I. Título

21-2673   CDD 100

Índices para catálogo sistemático:
1. Filosofia

EDITORA ELEFANTE
editoraelefante.com.br
editoraelefante@gmail.com
fb.com/editoraelefante
@editoraelefante

TIPOGRAFIA Arno Pro, Atlas Grotesk & Druk Text
PAPÉIS Ivory Slim 65 g/m² e Cartão 250 g/m²
IMPRESSÃO BMF Gráfica